第2章
アフガニスタン
カブール
イラン
第6章
ミャンマ
スリランカ
第3章
スリ・ジャヤワルダナプラ・コーッテ
第8章

国際協力と想像力

イメージと「現場」のせめぎ合い

松本 悟
Matsumoto Satoru
佐藤 仁
Sato Jin
編著

日本評論社

はしがき——思い込みや偏ったイメージを想像してみよう

松本　悟

１９９０年代初め、私は東南アジアの内陸国ラオスで国際協力ＮＧＯのスタッフとして農村開発の活動に携わっていた。あるとき、日本の支援者たちがスタディツアーに訪れた。活動地を回った後の会合で、参加者の一人から、ラオスで自分たちが見たことを日本でどう伝えたらいいかと問いかけられた。私が即座に答えたのは、ここで見たことがラオスのすべてではないので、想像力を駆り立てるように伝えてほしいということだった。私たちは世界中のすべての開発現場を訪問することはできないし、一度訪問した場所も刻々と状況が変化する。開発や国際協力の理解には想像力が欠かせない、と。

あれから約30年。現在私が勤務する大学には海外旅行好きな学生が多い。彼・彼女らは「行った」「見た」の価値に重きを置きがちだ。ネット上に情報が氾濫する今日、実際に足を運ぼうとすることは大切な姿勢である。しかし、ネットの情報が現実世界の切り取りや加工であるのと同じように、実体験に基づく理解も、自らが見聞した限られた経験で現実世界を切り取ったり加工したりしていることには変わりない。体験を強調しすぎるのも危険である。２０２０年初めから世界を揺るがしている新型コロナウイルス感染症拡大の影響で、海外の現場での体験そのものが難しくなっている中、私は学生にいまこそ想像力が大切だと説く。

しかし、正直この30年間、重要性を強調しこそすれ、開発や国際協力における想像力とはいったいどのような力で、それはどうやって養ったり大切にしたりすることができるのか、十分に考えてこなかった。頭でっかちな人には現場を見ることを説き、現場志向の旅好きには想像を促す、それで満足している自分がいたのかもしれない。

実は執筆し始めた頃の本書のタイトルは『開発プロパガンダ』だった。「貧しい人を助ける」「貧しい国の発展を支援する」という開発や国際協力の大義名分は正当化されやすい。それゆえ、実際に起きている多様なできごとがその正当性に覆い隠されてしまうのではないかとの問題意識をもっていたからだ。しかし、執筆者で議論を重ねていくうちに、この正当性は誰かが宣伝し私たちを操ろうとしているプロパガンダではなく、むしろ自分たちの思い込みや凝り固まったイメージに根源があるのではないかと考えるようになった。国際協力に対する思い込みや凝り固まったイメージから自分たちを解放するのに必要なのは想像力ではないか、それを具体的に考えることが大切なのではないか。こうして、30年来の私自身の宿題に共編者の佐藤仁氏や執筆者たちと共に向き合うことになった。

本書は、開発や国際協力に関心をもつ大学生、大学院生、実務家を主な読者層と考えて書かれているが、広報・教育・コミュニケーションなどのメッセージ伝達や、本書で取り上げる国々に関心をもつ人たちにも読んでいただきたい。執筆者の多くは、海外の国際協力の現場をフィールドに調査や実務を経験してきた。その意味では、実際に国際協力を経験したから書けたともいえる。しかし、自らの経験をベースに経験していないことへの想像力を論じることは容易ではなく、何度も迷宮に入り込んだ。そこから脱するのに必要だったのは、逆説的ではあるが、開発や国際協力に対する思い込みや偏ったイメージを想像することだった。それこそが、経験していないことへの想像力を議論するための第一歩だったように思う。

読者の皆さんにも、自分がもっている開発や国際協力へのイメージと向き合いながら、本書を読み進めていっていただきたい。そして願わくは、本書の問いかけが、開発や国際協力にとどまらず、読者それぞれが直面している様々な課題に対して自らが無意識に抱いているイメージを問い直し、想像力を働かせることの意義を考え、新たな道を切り開く一つの糸口になればと願っている。

国際協力と想像力——イメージと「現場」のせめぎ合い●目次

序章

バナナ売りのおばあさんは何を考えているか

国際協力の相手を想う

佐藤 仁

想像力と国際協力はどのように関係しているのか。異なる文化的背景をもつ他者を助けようとする国際協力には、日本国内で通用する以上の想像力が求められる。ところが、国際協力は「尊い善行」か、自己満足のための「偽善」のいずれかでイメージされる傾向が強く、二つの極端の間に広がっている「普通」が見えにくい。固定的なイメージに染められない、国際協力の送り手も受け手も自由にするような幅のある想像力を確保するにはどうしたらよいだろうか。

1　道端の想像力

開発途上国を旅していると「面白い！」と思える場面、「え～?!」と驚く場面にたびたび出くわす。そうした現場体験は国際協力を通じて貧しい人を助けたい、地球環境を守りたい、といった肩に力の入った正義感とは別の次元で私たちの感性を刺激し、縁遠かった途上国を一気に身近なものへと引き寄せる。私にとっての面白さの原点は、タイの奥地の村でのフィールドワークを通じて村人たちと話し、その世界観に触れたときであった。そこには、聞けばなるほどとわかるものの、自分では想像もできなかった発想の種が豊かに散りばめられていた。[*1] 国の経済的な豊かさと、人としての生きる力は互いにほとんど関係がない。むしろ国が豊かになるほど、その国を構成する個々人の生きる力は低下しているとさえ思うようになった。

ところで、このように村人の話に耳を傾けることの大切さは自分一人で気づけるようになったわけではない。幸運なことに、学生時代の私にそれを教えてくれた先生がいた。

なんとなく開発援助や国際協力を勉強したいと思い始めていた大学二年生の冬、思い切って訪問してみたのがフィリピンをフィールドに低開発経済論を教えていた高橋彰先生の研究室だった。進路相談が終わった帰りぎわに「外は寒いから飲んでいきなさい」と開いた冷蔵庫から目に飛び込んできたのは大量の洋酒のミニボトルであった。その光景の衝撃もさることながら、私の心に残ったのは研究室でうかがった想像力の重要性に関わる先生の次の体験談である。

1970年代のことだそうだ。フィリピンの道端でバナナを売るおばあさんがいた。バナナの値段を聞く。

「5本で1ペソです。」

「では15本ください。」

「ならば1本5ペソです。」

「……?」

まとめて買うのになぜ割高になるのか、経済学者の先生は不思議に思って、理由を尋ねた。おばあさんの答えをまとめると、こうだった。「私はこの狭い路地裏で、丸一日バナナだけを売って生活している。客と交わす会話が数少ない楽しみだ。あなたはバナナをまとめ買いすることで、私の数少ない楽しみを奪うことになる。だからその分を余計に払うことで補償してほしい」。

このエピソードの面白さは、まとめ買いすると単価が上がるという、私たちの経済常識をゆさぶる点にあるだけではない。道端でバナナを売るおばあさんにも独自の思想があって、そこには聞けば私たちにも納得できる、きちんとした理屈があるということだ。生臭さの立ち込める東南アジアの市場を歩く

＊1　具体的なエピソードについては拙著『稀少資源のポリティクス——タイ農村にみる開発と環境のはざま』（東京大学出版会）や『反転する環境国家——「持続可能性」の罠をこえて』（名古屋大学出版会）などを参照されたい。

とき、一人ひとりの物売りが何を考えているかなど、それまでの私は想像もしていなかった。まとめ買いをするのに割高になるとはけしからんとばかりに、理由も聞かずにその場を立ち去っていたら、先生もおばあさんの世界に触れることはなかったかもしれない。

この場合、高橋先生にとっては、おばあさんとの立ち話が新しい世界への窓口になった。立ち話がなければ、バナナを買い取るこちら側の勝手な思い込みで、おばあさんは単に「非常識で、がめつい商売人」にされてしまったかもしれない。まとめ買いは売り手と買い手の両方にとって「良いこと」に決まっているはずだからである。おばあさんとのちょっとした対話は、まとめ買いが助けになるどころか、かえって迷惑になる可能性を教えてくれた。人の行動を理解するためには、その人を外から見ているだけではわからない。行動の背景にあるものを見通す想像力、そしてその力の元となる対話や共感が必要なのだ。

2　想像力はなぜ重要か

一般に想像力とは、直接に見聞きできないものを心の内に生み出す力のことである。[*2] だが、バナナのまとめ買いの例でみたように自分の思い込みの延長線上にあるものしか想像できない場合には、それがいくら「直接見聞きできないもの」であっても「想像力がある」とはみなせないだろう。たとえば日本の人口減少傾向を踏まえて、過疎や集落の消滅を予想する人がいたとしても「想像力が豊か」とはいわない。人口減少は既定路線に乗った話だからだ。

ここで私は、想像力を「違った可能性を思う力」であると考えたい。「違う」というのは、既定路線とは違うという意味である。既定路線とは、その時々のできごとの趨勢に対する「よくある見方」と考えておこう。たとえば「途上国は貧しく、だから先進国の助けが必要だ」という発想は国際協力の世界では一つの典型的な既定路線である。ここで「違った可能性」への入り口は、「貧しさとは何か」「貧しさはどのように生み出されているか」と問うてみることである。「国際協力って〜だよね」という受け売りのイメージや、「こうしなければ国際協力ではないよね」という決まった規範に染まってしまうのではなく、自分なりの幅の中でできごとの過去、現在、未来をつなげてみる力である。「イメージ」が「〜（の）について」という具体的な対象から生成される像であるとすれば、ここでいう想像力は、いったん対象の具体性から自由になる力であると言い換えてもよい。

この力はなぜ重要なのだろうか。貧困や気候変動、グローバルな疾病といった現代の課題に「これが唯一の正解」という道があるわけではない。時代や場所、働きかける人の多様性に応じて「正解」は変わるはずである。アジアでうまくいった方法がアフリカでうまくいくとは限らない。そんなときは、自

＊2　『日本国語大辞典（第二版）』は「想像」を「おもいやること。実際には経験のない事物、現象などを頭の中に思い描くこと」と定義している。

分になじみのある文脈で正解を求めるのではなく、現場の状況や相手の考え方に応じて「他にも正解があるかもしれない」と疑問をもち、ありうる正解の幅を広げていくような姿勢が役に立つ。

活動の場所がどこであっても「正解」の幅には、知識と経験が影響する。だが一人の人間がため込むことのできる知識や経験は限られたものだ。そこで人類は様々な経験を文字や音楽や映像の形で蓄積し、他人の経験を自分の知識として取り込む工夫をしてきた。正解の存在しない芸術の世界では、感性の導きが文化をはぐくんできた。国際協力の世界でも経験に基づく感性は重要な役割を果たす。そこにはたとえば灌漑水路の設計手法に関する職人の勘のようなものから、地域住民の巻き込み方に関する人間力のようなものまで様々な要素がある。「国際協力はこうあるべき」という気負った正義感は、国際協力の相手がどのような存在であり、そもそもなぜこの人々が国際協力の対象になってきたのか、という前提の理解を曇らせてしまう。思い込みが私たちの判断に与える影響について、もう少し考えてみよう。

3 「普通」を想像する難しさ

2015年前後に専門家が集まる国際協力に関する複数のワークショップで、アイスブレーキングのつもりで政府の開発援助に関する次のような穴埋め問題を出したことがある。答えはどの国か考えてみてほしい。

【問題】以下はある実在する国の援助の実態に関する報告書からの抜粋である。「ある国」とはどこか、以下の空欄に適当な国名をいれなさい。

> □はいまだに先進国と開発途上国の両方に足をいれた国である。
> アフリカ諸国の政府による□に対する態度はこの国の援助に対する誤解に興味深い光をあてるものである。アフリカは、アジア諸国による□に対する歴史的な不信を共有しているわけでもなければ、民族的な親近感を感じているわけでもない。□のアフリカにおける商業活動は、ヨーロッパ諸国のそれがもっているのと同じような外に向かう性質をもっている。その結果、アフリカ諸国による□批判はアジア地域で生じている批判以上に強いものになっている。
>
> （White 1964：pp.66-68，筆者訳）

回答者の多くは「中国」と答える。それは現在の中国の援助のイメージ（＝心の内に思い浮かべる像、印象）が「商業活動」や「批判」などのキーワードから想起されるからであろう。実は正解は「日本」である。もっとも、現在の日本のことではない。１９６０年代前半の英国人が描いた日本の援助のイメージである。日本の援助がこうした国際的な批判にさらされていたというのは、21世紀を生きる私たちには想像しにくいかもしれない。多くの人が「日本」と答えなかったのは、現在の日本のＯＤＡ（政府開発援助[3]）のイメージが、ここに描かれているものとは明らかに異なるからである。

1960年代の日本のODAは、国際社会から見ると不透明で、商業主義に偏り、現地での評判もあまり芳しいものではなかった。にもかかわらず、日本の経済的な影響力は拡大を続け、東南アジアの各地は「日本＝経済侵略」のイメージに染められた。1970〜80年代になるとODAを害悪とみる言論はさらに過激になる。ダムや道路といったインフラ建設に伴う住民移転では「援助の名の下に行われる生活破壊」というイメージが一部の研究者やマスメディアから強く発信された（鷲見 1989、村井・ODA調査研究会 1989）。援助を受け取る側の現地でも、日本人は稼ぐことしか考えない「エコノミック・アニマル」の異名をとり、バンコクやジャカルタでは大規模な反日運動が展開された（タンシンマンコン 2017）。

善・悪の衣をまとった極端なイメージが支配的になると、その両極端の間に落ちる大部分の「ごく普通の国際協力」が見えなくなってしまう。「ごく普通」というのは現地社会へのインパクトが「可もなく不可もなく」であったという意味ではない。国際協力のイメージに影響を与えるほどのインパクトをもってメディア等で取り上げられることがないという意味である。

私はODAの歴史研究の一環として、1980年代にNGO（Non-Governmental Organizations：民間非政府組織）や一部の研究者、マスメディアに酷評された「問題案件」がその後、20年以上の時間を経て、どのように変化したのかを現地調査したことがある（佐藤 2021）。いずれもインフラ建設に伴う人権侵害、生活破壊、公害、生態系破壊などを理由に告発された、日本での評判が著しく悪かった案件である。ところが、その後20年以上が経過してから批判の現場を訪ねてみると、ほとんどの案件では、当時の悪評がウソのように消え、批判をしていた人たちも現在では好意的な立場に変わっていた。もちろん、評価の低かった案件が中止に追い込まれたり、問題を抱えたまま低空飛行を続けていた事例もあった。ここで私が学んだのは、国際協力事業の評価は時間とともに変化するという、言われてみれば当たり前のことだった。

国際協力という働きかけに対する現地社会の反応や案件の成果に差はたしかにある。中には計画そのものが杜撰（ずさん）だったり、予算が足りなくなるような案件もあるだろう。だが、私の見る限り極端に失敗し中止に追い込まれる案件は、あったとしてもごく少数にすぎない。現場は様々な利害をもった人々が集まる個性をもった場所であり、かりに深刻な課題が見つかればそれに対応すべく行動が起きるのが普通であるし、自分の生活が脅かされると思えば抵抗する人が出てくるのは当たり前だからだ。本書の第9章が鮮やかに描き出しているように、開発事業は生き物である。ところが、変化や学びといった「普通にありうること」は、言われればそうだと認識できても印象に残らないし、記録もされないことが多い。

＊3　ＯＤＡ（Official Development Assistance）とは、開発途上地域の開発を主たる目的とする政府および政府関係機関による国際協力活動のことで、開発途上国の経済発展や福祉の向上を目的としている。本書で用いる「国際協力」は政府による活動を超えて市民社会の参加を含むものである。国際協力の概念が日本にどう根づいてきたかについては荒木（２０２０）を参照。

「イメージの元になる実態は、止まっているのではなく、変化する」。この単純な自覚は、先に紹介したクイズを出したときに想定していた教訓の一つであった。「この国はこう」という一時点でのスナップショットに囚われたまま、それを異なる場所や時間に投影するのは危うい。日本が変化してきたように、中国も変化すると考えるのが自然であろう。イメージは「ある時点」に縛られるという危険がある。縛られたイメージを無批判に拡張し、他の事例に当てはめようとすることに無理が生じるのだ。

国際協力でとりわけ想像力が重要なのは、それが異文化の他者に働きかける行為であるからだけではない。国際協力は、それを傍観している人から見ると善か悪（＝偽善）のどちらか一方に引き付けられてしまうことが多く、なかなか「普通の活動」として認められることが少ないからである。そして、最も重要なポイントは、イメージの極端な偏りを修正してくれるはずの当事者（国際協力の対象となる人々）とのコミュニケーションがほとんどないことなのである。

4　過去へ、内へ、そして未来への想像力

国際協力が引き起こす変化を捉えることと想像力とはどう関係するのだろうか。先述のクイズが教えてくれるのは、想像力は未来へ、外へと開かれるだけではなく、過去にも、内にも向かうということだ。「過去」の想像は、現在がどのようにして現在に至ったのかを理解する基盤であり、「内」は国際協力を打ち出す自らへと向かう眼差しのことである。国際協力は外国の未来に関するものであると思われがち

だが、本書で扱う国際協力の送り手を日本であるとすれば、日本はなぜ、どのような相手に「協力」を求めるのか、という点に想像力を働かせなくてはならないはずだ。

過去への想像力はどういうことか、もう少し考えてみよう。過去と向きあう仕事をしてきたのは歴史家と呼ばれる人々である。歴史家は、新しい史料の発見や既存の資料の再解釈に基づいて歴史を描き直す。過去そのものは動かせないが、過去の見方＝歴史は解釈次第で変わってくる。つまり、確定しているはずの昔のことですら想像の対象となるわけだ。だから歴史は面白い。

「日本の国際協力はどのように展開してきたのか」という歴史的な問いも、同じように私たちの想像力を試すものになる。もちろん、どうなるかわからない未来とは異なり、歴史には客観的に確かめられる史料がある。特に国際協力の歴史はそのほとんどが戦後に限られるので、想像の余地は少ないと思われるかもしれない。しかし、この50年を振り返るだけでも、史料は散逸し、関係者の記憶は薄れ、都合の悪い事実は加工されたり、非公開扱いとされる運命にある。だからこそ、いま手に入る史資料を駆使し、できるだけ多角的な視点から歴史を記録しておかなければならない。

たとえば本書の第1章は、１９５０年代のカンボジアに日本が援助していた状況を歴史的な史料をもとに再構成することを通じて、当時の記述にとどまらない過去―現在―未来への系譜を想像させる材料を提供する。日本にとって戦後賠償の義務をもたないカンボジアに、わざわざ援助をするというのは、まだ貧しかった当時の日本のやることではないと誰もが考えるはずだ。しかし、現実には日本人の手によってカンボジアに新しい都市を建設する構想があった。その事実を知るだけで、私たちの想像の幅は大きく広がり、援助とは単に豊かな者から貧しい者への再分配ではない、という新鮮な知見が得られる。

インターネットやメディアの報道や旅行での見聞を通じて海外にいく機会が増えた現在、ある程度の肌感覚をもって外国の人々をイメージすることは可能になった。しかし、「私は見た」という体験の過信は、かえって頑な先入観の源泉にもなりうる。いわゆる「ステレオタイプ」である。その典型が「偏見」と呼ばれるものだろう。なかでも人種に対する偏見は根深く、国際協力事業の語られざる障壁の一つと考えてよい。

第二次世界大戦後にアジアからの留学生の受け入れに尽力し、留学生宿舎であるアジア学生文化会館を設立した穂積五一（ほづみごいち）は、戦争で植え付けられた日本人に対する残虐なイメージが留学生交流事業に与える悪影響をいやというほど体感した人物である。彼はこう言った。「自分たちは、生まれたときから、両親に叱られるときは決まって〝日本人が来るぞ〟と云って打たれた。かうして育った者の日本人への心持がどのようなものであるか分からないであろう」（穂積　1983：354頁）。アジアの一部に流布していた日本人の残忍なイメージに根拠がなかったわけではない。だが、それは戦時中の日本人全体を表すものでもなければ、戦後の日本人を的確に表すものでもなかった。

それでも、一度作られたイメージに自らを再生産していく。戦争が終わって15年以上経過した頃に作られたハリウッド映画「ティファニーで朝食を」（1961年）では、オードリー・ヘップバーン演じる主人公のアパートに暮らす風変りな日本人「Mr.ユニオシ」が登場する。そこでは出っ歯で眼鏡をかけた戦時中の醜い日本兵のイメージがほぼそのまま描かれている（図序-1）。アメリカ人俳優が演じたユニ

図序-1　アメリカ人による戦中の「日本兵」

出所：米国公文書館（513555）

オシの描かれ方は、まさに太平洋戦争中に作られた日本兵のイメージを彷彿とさせるものだった。これは、一見すると映像を制作した人々（＝送り手）による操作にみえるが、こうしたイメージを歓迎する聴衆がいたことを忘れてはなるまい。多くの人々が、この偏ったイメージを求めて、このイメージを再生させたのだ。

このように、イメージはいったん一定の方向に操作されると固定されて、無批判に再生産されてしまうことがある。メディアの恣意的な操作がイメージを固めることもある。ハリウッドにおける東洋人描写に、おそらく悪意はなかった。だからこそ、欧米人のアジア人観をかえって生々しく映し出しているのである（村上 1992）。問題はイメージが限定されることによって「違う可能性」への想像力が制限されると、それだけ未来に向けた行動の選択肢も限られてしまうことである。

国際協力は相手あっての活動である。しかし、それを考えるのと同時に、「自分たちはどうだったのか」、「自分たちの社会の中に多様な立場や意見があるならば、相手国の社会もきっとそうではなかろうか」と考えてみるのは健全な態度である。こうした「過去へ、内へ」と向かうまなざしは、想像力を狭く閉じ込めるのではなく、むしろその飛距離を伸ばしてくれる推進力になる。本書では日本国内の広い年齢層に国際協力の意義を訴える実践例が取り上げられているが、これは想像力を「内へ」と向かわせる活動の例である。

5　イメージは人を動かす

国際協力の世界で想像力が重要なのは、それが行動と結び付くからである。一見すると未来志向的であるはずの国際協力が、過去のイメージに縛られているとすれば窮屈な印象を与えるだろう。しかし、どの過去を参照するのかは事前に決まっているわけではない。開発や国際協力事業には、判断の助けになるデータの土台もあるが、どのデータをどの場面に使うかは、あらかじめ決まっているわけではないのだ。現在の行動指針を得るために参照すべき過去も、人間の想像力に基づいて選択されなくてはならないのである。そして、想像力とイメージは人と人を結び付けたり、引き離したりしながら、事業の実施や継続を左右していくことになる。

大事なのは、イメージは「～についてのイメージ」であり、常に具体的であるということだ。世界の貧困問題を漠然とイメージすることは難しい。しかし、ソマリアで空腹のあまりおなかが膨れた子どものイメージは具体的である。日本の人口減少について議論は過疎化した村、シャッターの閉まった商店街などの具体的なイメージを伴って初めて心に刻まれる。統計や理論が頭に入りにくくても、具体的なエピソードが心にしみ込むことが多いのは、後者には聞く人が想像力で補いたくなるような余白を作り出す効果をもつからであろう。

イメージは人々の行動も左右する。行動とイメージの関係について、著名な経済学者のケネス・ボウルディングは「行動はイメージに依存する」といった（ボウルディング 1962：5頁）。中国や日本の援助にどのようなイメージをもつかは、国際協力活動に対する国民の行動に影響を与え、それは予算や活動内容を左右する。このように考えると、国際協力行動におけるイメージと想像力の果たす役割は非常に大きい。イメージが固定化されやすいのに対して、想像力はイメージを作ったり壊したりと、伸縮性が高い。豊かな想像力は唯一の正解に導いてくれるわけではないが、そこに至る議論の幅を確保し、創造的な政策を生み出す可能性を高めてくれる。国際協力では最終的な問題解決もさることながら、そこに向かうプロセスを開かれたものにしていくことが重要だ。

イメージは心的な影響に止まらず、どこに学校を建設するか、どれくらいの予算をどこに配分するか、など現実的なインパクトを生み出す。それだけではない。インパクトを受けた側の人々は、受け取ったものに応じて、受容、無視、抵抗など、様々な反応を示し、今度はインパクトの元になったイメージの送り手に影響を与える。ここには、イメージの送り手と受け手の間の「交渉」が生じる余地がある。ところが、第9章でみるように、国際協力事業を持ち込む側の人々と、その影響を受ける人々の間には大きな力の非対称性がある場合が多い。また第7章が展開するようにメディア等によるイメージの発出は、この格差を固定化することもあれば、新たに打ち壊すこともある。こうした力の非対称性は、さりげなく私たちの想像力の幅を固定する。バナナ売りのおばあさんとの対話は、たしかに想像力をかき立てる効果があった。しかし、おばあさんに買い手が質問することがあっても、おばあさんの方から質問してくることは想定されない。ここにも非対称性が潜んでいたのである。この非対称性は、国際協力を通じて援助する側が援助によって解決できそうな「問題」を調べようとはしても、現地の人々の「問題」とは何であるかに踏み込もうとしないことに似ている。

本書は、どうすればこうした力の非対称性を乗り越えられる想像力を鍛えることができるか、といったハウツー本ではない。開発や国際協力の分野で想像力が果たしている多様な役割の理解を通じて、想像力という人間的な営みそれ自体の意義を確認することが目的である。

ボウルディングは言う。「自由とは未来についてのイメージを実現する能力である」（ボウルディング1962：iv頁）。彼が触れていないのは、「未来についてのイメージ」は、過去のイメージに縛られるという側面である。その意味では、過去のどの側面を想像するかが、未来への参照点と「自由」の幅を左右する要素になる。イメージが人を動かすのはその通りであるが、だからこそ、特定のイメージに安易に誘導されてはならない。想像力は、一部の専門家を含む「他者の見方」に強く左右され、なかなか自分の見方を確立できないといわれることが多い日本人にとっては特に必要である。

相手の考えを知るためには、まずもっておばあさんの立場にある人の話に耳を傾ける態度が必要である。コミュニケーションが重要というのは、言われなくてもわかる。しかし、小学校すら出ていないかもしれない道端のおばあさんの話に耳を傾けるという日常的な実践は、想像力と行動力が合わさって初めて実現される。外からの色眼鏡に影響されることなく、普通のことが普通に見えるようになること。ここに国際協力における想像力の、当たり前でいて最も難しい課題が横たわっている。あなたなら、あなたのフィールドにいる「バナナ売りのおばあさん」とどんな話をするだろうか。きっと、対話の先には思いもよらなかった面白い世界が広がっているに違いない。

6　本書の構成とメッセージ

国際協力は過去の影響を受けた未来に関する働きかけである。だからこそ、どのような未来のイメージを〈いま〉もつかは決定的に重要である。情報通信技術が著しく発達し、インターネットで世界中の画像をみられる今日、私たちの他者に対する想像力は豊かになったといえるだろうか。情報量が増えたからといって想像力が豊穣になるわけではない。問題はどのようなイメージで、国際協力の対象を設定するか、である。前提の立て方は、国際協力の進め方に大きな影響を与える。

本書の構成は以下の通りである。第Ⅰ部では、国際協力活動の対象になる人々が作り出される背景を具体的に考察する。人間に備わった素晴らしい能力は、他人の体験を想像し、追体験できるところである。私たちは直接に戦争を体験していなくても、その痛ましさ、むごさを体験者から聞いて、感じることができる。異なる時代や場所の経験を知るには、映像や言葉を介したメッセージを通じて解釈するしかない。ところが同じ「メッセージ」でも、そこからどのような意味をくみ取るか、それにどう反応するかは、受け取る側の想像力によって大きく変わってくる。

第Ⅰ部で扱う事例対象国はカンボジア、アフガニスタン、スリランカである。カンボジアは、戦後日本が最初に支援を申し出た対象であるが、たとえそれが戦後賠償の流れの一環であったとしても日本が援助を申し出た背景には国際協力の想像力を考えさせる稀有な材料が眠っている。アフガニスタンは、世界でも最も危険な国であるとされているが、国の中を覗き込むと、「危険」として一括りにしていた対象の中に多様な生活が浮かびあがってくる。世界でも稀な水準で農村人口を維持してきたスリランカは、都市化に「遅れた」のではなく、積極的に農村の人々の福祉向上を目指してきた。いずれの事例も私たちの先入観を激しくゆさぶる。

第Ⅱ部は、国際協力の「送り手」の動向に注目する。事例は日本の学校教育における国際協力の語られ方と、ODAに関する政府広報、そして国際機関による寄付金集めのキャンペーンである。一般の人々にとって「遠い世界」である開発途上国の現状は、学校や課外活動、メディア報道などに強く色づけられる。そもそも日本の学校では国際協力はどのように教えられ、それはどう変化してきたのだろうか。また、日本には子どもを含む広い対象に向けたODA広報という政府主導のイメージ戦略がある。マンガという親しみやすい媒体を使って広く国民に働きかけようとするODA広報は、私たちの想像力の拡張に成功しているだろうか。さらに、政府の拠出や民間からの寄付が極めて重要な役割を果たす国際機関の分析も欠かせない。この第Ⅱ部では難民支援の中心的な機関であるUNHCR（国連難民高等弁務官事務所）の元職員によるコミュニケーションの政治性についても考える。

第Ⅲ部は、国際協力の受け手と送り手の交渉に注目する。タイでは、それまで一方的に「想像される側」にいた地方の農民が、SNSを通じて自ら発信するようになった。この動きはタイで長く美化される傾向にあった「コミュニティ」のイメージと現実にどのような影響を与えたのだろうか。そして、開発や国際協力の受け手となっている国や地域は、送り手が作り出そうとしているイメージをどのように受け止めているのだろうか。この第Ⅲ部ではタイとミャンマーにおけるNGOの協働、中国・貴州省における世界銀行と地域住民のせめぎ合いを描き出す。終章では、これまで正面から論じられてこなかった国際協力におけるコミュニケーションや想像力の役割を総括し、古くて新しいこのテーマを机上に乗せることの意義を再確認する。

楽観的な未来像を提示するのは抵抗が少ないし、聞く側の受けもよい。それに対して人々が前提としているものの延長線上から外れるような「違った可能性」を提案するのは波風が立つし、勇気がいる。既定路線を批判するような指摘は多くの人から反発を招くかもしれないし、黙殺されることもあるかもしれない。こう考えると「違った可能性を指摘する自由」は、その場に民主的な空気が根付いているかどうかを示す指標にもなるのである。

そもそも国際協力に関する情報は、実施する側の提供する情報が多いのに対して、受け手の側が発信は極めて少なく、発信されても取り上げてもらえないことが多い。国際協力分野では違った可能性を想像する材料が乏しいのである。だからこそ、一つの情報源に頼らない私たち自身の想像力が試される。私たちに求められるのは、違った未来を描くことだけでなく、自らがよって立つ社会に「違った可能性」を受け入れる寛容さである。

「想像」という言葉の最も古い用法として、漢籍では〈旧故ヲ思イテ、以テ想像ス〉（《楚辞》）の用例がある。当時の「想像」は〈おもいやり〉や〈おしはかる〉ことを意味していたようである。何かを空想するよりも、具体的な相手の姿を想うこと／想うように努力することの中に感性を研ぎ澄ますヒントがあると考えるのである。感性だけに頼るのは危うい。しかし、感性に訴えることができなければ行動を喚起することはできない。

冒頭の「バナナ売りのおばあさん」のエピソードは「おばあさんには考えがある」という単純な事実を教えてくれただけではなかった。このエピソードは、人間が生きていくために経済的な収益よりも重要なことは何か、「規模の経済」に立脚した資本主義経済のあり方はそれでよいのか、と私たちの方向感覚をも問うている。

国際協力に携わる人々は現場での経験に何よりの価値をおいてきた。２０２０年に世界を襲ったコロナ禍は、そうした実体験をこれまで以上に貴重なものに変えてしまうかもしれない。それでも世界は存在し、つながっているという「普通」の大切さを教えてくれるのは想像力である。この想像力は生来のものではなく、誰でも大きく育むことができる。それはどんな災いも奪うことのできない、未来への意思ある人々に残された最後の砦である。

参考文献

●日本語

荒木光弥（2020）『国際協力の戦後史』東洋経済。

佐藤仁（2021）『開発協力のつくられ方——自立と依存の生態史』東京大学出版会（近刊）。

鷲見一夫（1989）『ODA援助の現実』岩波書店。

タンシンマンコン、パッタジット（2017）「1970年代のタイの反日運動——その原因の再検討」『ソシオサイエンス』第23巻、45-61頁。

ボウルディング、ケネス・E著、大川信明訳（1962）『ザ・イメージ——生活の知恵・社会の知恵』誠信書房。

穂積五一（1983）『内観録——穂積五一遺稿』穂積五一先生追悼記念出版委員会。

村井吉敬・ODA調査研究会編著（1989）『無責任ODA大国ニッポン——フィリピン、タイ、インドネシア現地緊急リポート』JICC出版局。

村上由見子（1993）『イエロー・フェイス——ハリウッド映画にみるアジア人の肖像』朝日選書。

●英語

Jacobsen, Michael Hviid ed.（2019）*Emotions, Everyday Life and Sociology*. Routledge.

White, J.（1964）*Japanese Aid*. Overseas Development Institute.

第 I 部

想像される「受け手」

開発／協力の理由はどう作られるか

第1章

幻の高原都市開発と5万人移民計画

日本のカンボジア援助事始め

初鹿野 直美

1955年12月、日本とカンボジアは友好条約を結び、日本はカンボジアのキリロム高原に都市建設を支援すること、カンボジアは日本からの移民を受け入れることに合意した。双方向の助け合いの側面をもったこの合意は、単なる貧しい国への援助のイメージとは異なるし、日本側が自由な発想で大風呂敷を広げた様子は、現在の私たちの想像を超える。実現しなかったこのような計画を生んだ自由さは、日本の国際協力に幅を与える原動力になりうる。

1　戦後日本とカンボジアの「友好」関係

日本は、１９５０年代から60年以上にわたって、所得水準の低い国、教育や医療が普及していない国、紛争が終わったばかりの国などの途上国に対して、開発援助を行ってきた。日本の援助の歴史をひも解くと、第二次世界大戦の被害に対する賠償をきっかけとして援助が始まったアジアの国は多い。賠償という方法をとらなかった国に対しても、日本軍による被害への償いとしての協力・援助プロジェクトが、「準賠償」として行われてきた。これらには贖罪の気持ちや賠償という法的な義務の側面と並行して、日本企業の活動のために東南アジアの国々の市場や資源を獲得したいといった戦略的な側面もあった。

１９５５年12月に日本と友好条約を結んだカンボジアに対する経済協力は「準賠償」として扱われるが、他の東南アジアの国とは少し異なった側面をもちあわせていた。１９５３年11月にフランスから完全独立を果たしたばかりのカンボジアは、１９５４年11月に日本に対する賠償請求権を放棄していた。そのため、日本はカンボジアに賠償を支払う法的な義務はなかった。日本は第二次世界大戦中にカンボジアに対して損害を与えてはいたが、日本の自己認識としては、与えた損害よりもカンボジアの独立を支持し続けてきたのだという自負やそれなりの友好的な関係を築けているという思いがあったのかもしれない。当時、人口４００万人ほどの小さな市場しかもたず、輸出できるような鉱物資源もなかったカンボジアは、日本にとって戦略的に魅力的な国であったとはいいがたい。一方で、カンボジアは賠償放棄のほかにも日本赤十字社に寄付するなど、早くから日本に対して友好的な姿勢をとってきた。カンボジアとの経済協力は、戦後の賠償や賠償に準じた形で経済協力をスタートさせた他のアジアの国々と同じタイミングで計画・実施された。ただし、結局は幻となった二つの経済協力プロジェクトは、援助する国と援助される国の関係からイメージされるような、一方的に何かを支援するというのとは異なり、支援しながら支援されるような、より対等な関係に基づくものであった。

カンボジアと日本の間で１９５５年12月に結ばれた友好条約では、二つの経済協力プロジェクトが約束されていた。一つは、カンボジアのキリロム高原に新しく観光都市を建設することとし、それを日本が支援するということ、もう一つはカンボジアが日本から5万人もの移民を受け入れるということである。熱帯のカンボジアにおいて高原都市は貴重な場所であり、植民地時代にフランスがコンポート州のボコール山頂にホテルなどの観光施設を建設したこともあった。ノロドム・シハヌーク（当時首相）[*1]が好んでいたキリロムの地を開発しようとの提案はカンボジア側からなされ、それに日本の関係者が大いに乗り気になった。移民についても、いまの日本からすると想像しがたいことかもしれない。当時の日本

＊1　ノロドム・シハヌークは、１９４１年に18歳で王位についた。１９５５年3月に国王の位を父親のスラマリットに譲り、自ら首相として政治を仕切ることとなった。１９６０年4月に父親が逝去した後は１９７０年3月のロン・ノル将軍によるクーデターで追放されるまで、国家元首として国を率いた。また、内戦後１９９３～２００４年にも再び国王として活躍した。本章では、単にシハヌークと記す。

は、戦後増加し続ける人口を国内で養うことは難しく、「自分の国の国民の移住先を確保すること」は重要な課題となっていた。より近い移住の候補地を探る中でカンボジアが名乗りを上げた。

現代のカンボジアの政治経済情勢を追いかけている研究者である筆者は、カンボジアと日本の関係史を勉強し直しているときに、１９５５年条約の詳細を調べる機会があり、新鮮な驚きに見舞われた。１９５５年の日本の経済は戦前レベルまで復興をとげていたとはいえ、まだ自分の国の人口を食べさせることにも困難を覚えていた。その日本が、他国の観光都市開発をゼロから支援するという自由かつ大胆な計画をぶち上げ、そして、現在は「開発途上国」「ポスト紛争国」として被援助国の印象しかないカンボジアが、日本からの移民の受け入れを申し出た。友好条約を結んだのち短期間のうちに調査団が派遣されるなど真剣に実現に向けた努力が行われたが、一年もたたないうちに二つの計画とも頓挫してしまった。一連の目まぐるしい動きの中で観察された議論の様子は、現在の私たちがもっている「援助する国・される国」の関係性、進んだ国が遅れた国を助けるなどといった固定的なイメージとは異なり、当時の日本とカンボジアの協力が、より対等な関係性に支えられていたことを示している。都市開発の調査団の団長だった岩田喜雄アジア協会副会長（当時66歳）が記した報告書に、調査団の旅程の最中におきたエピソードが紹介されている。

私は恥を忍んで告白したい事がある。それは外でもない。私が煙草の吸殻を車外にほうり出そうとした。運転手は直ちに私の手を止めて備え付けの灰落としを指さした。灰落としの中に屑紙があったので、燃焼を恐れて私はその紙を取り上げて窓外に捨てようとしたら、またしても運転手はそれを私の手から奪い取って、何と彼のポケットへ収めたのである。

彼らに取っては道路は神聖なのである。日本人には道路とは物を捨てる処である。

（アジア協会　1956：69―70頁）

岩田はもちろん吸殻を棄てるべきではなかったが、このエピソードは、国の経済の発展度合いだけではかれない関係を前提にしていることを示唆しているようにみえる。岩田は先入観なく運転手の人間性を高く評価し、運転手も立場に関係なく言うべきことは言うという毅然とした姿勢を見せており、互いに一個人として品位のある姿勢を貫いた。現在のカンボジアの道路脇には、ビニル袋などのゴミが散乱しており、「神聖な道路」の面影は見られない。

2　日本とカンボジアの経済協力が計画されるまでの道のり

■カンボジアとの経済協力を思い描いたタイミング

日本がどのようなタイミングでカンボジアとの経済協力を思い描くにいたったのかを知るために、まず日本とカンボジアが経済協力を目指す友好条約を締結するまでの歴史的な流れを簡単に振り返っておく（表１-１）。

表1-1　カンボジアの独立から日本との経済協力実施まで

時期	主なできごと
1953年11月	カンボジア独立。
1954年11月	カンボジア政府、日本に賠償放棄を伝達。
1955年12月	カンボジアのシハヌーク国王来日。 日本・カンボジア友好条約を締結。
1956年２月以降	日本からカンボジアに調査団が派遣される。
1959年３月	日本・カンボジア経済技術協力協定締結（７月発効）。

出所：筆者作成

カンボジアは19世紀中頃から隣国のベトナム、ラオスとともに仏領インドシナの一部としてフランスの植民地下におかれていた。第二次世界大戦中の１９４０年、カンボジアには当時のフランスのヴィシー政権[*2]との合意によって日本軍８０００人が駐留した。フランスでヴィシー政権が崩壊した後、１９４５年3月、日本軍はフランス軍を追い出した（仏印処理）。このとき、まだ20歳代だったシハヌークは国王として日本の保護監督のもとに独立を宣言した。

駐留していた4年間や仏印処理に伴う混乱があったとき、日本軍はカンボジア各地の公共の建物や家屋を接収したり、暴力をふるうなどの負担・損害を与えている。また、１９４１年5月、日本の調停でタイとインドシナ連邦との国境を定めた際、カンボジアのアンコールワットを含むバッタンバン州以西の地域をタイ領とすることを認めた。そのため、必ずしもカンボジアの人たちが日本のもとでの独立の経験や日本そのものに対して肯定的な評価をしていたわけでもないようである。本章が対象としている時期よりも少し後の証言ではあるが、畜産の専門家として１９６０年3月〜１９６９年9月に三回カンボジアに赴任していた及川浩吉は、カンボジアの人たちの「日本に対する感情」にはフランスを駆逐したことへの「感謝」と北西部数県をタイに割譲したことへの「憎しみ」とが同居していることを指摘している。さらに、国民感情としては、(被害がより大きかった)他の東南アジア諸国と異なり、戦時中の日本への怨みや憎しみは聞かれないとも記している(海外技術協力事業団 １９６８)。

１９４５年8月、日本の敗戦をうけて再びインドシナ半島に戻ってきたフランスによって、カンボジアの独立は「なかったこと」になり、再びカンボジアはフランスの植民地になった。その後は自治権を認められたが、シハヌークは完全な独立を求めてアメリカやフランス、日本などへと行脚し続け、１９５３年11月に独立を達成する。

１９５４年11月、カンボジア政府は在カンボジア日本大使に対して、第二次世界大戦中の損害に対する賠償請求権を放棄することを伝えた。カンボジアの受けた損害は他のアジアの国々と比べたら大きなものではなかったが、損害があったのは事実である。そのような中でなぜ賠償請求権を放棄したか、はっきりとした理由はわからない。カンボジアのオン・チアン・グオン駐日代理大使は、のちに「純然たる仏教」精神の発露によって放棄したと説明をしている。[*3] カンボジア大使と日本側の間では、賠償放棄

＊2 第二次世界大戦中、ドイツに降伏したフランスで、中部のヴィシーに成立した政府。

の対価として援助を引き出す狙いがあると勘ぐられることはシハヌーク本人が最も嫌うところである、といったやりとりがあった。この頃のカンボジアは、決して資金的に余裕があったわけではないが、賠償放棄以外にも、カンボジアは日本赤十字社に1000ポンドの寄付をしたり、1955年秋に起きた新潟での大火事に対して見舞金を送るなどしており、フランスからの完全独立を目指して腐心してきたシハヌークが、何らかの友好的な感情を日本に覚えていたことはたしかである。これらの厚意に対して、衆議院はシハヌーク来日時に感謝の決議をしている。

1955年12月、シハヌークが日本を訪問するタイミングで、日本・カンボジア友好条約が結ばれることになった。カンボジア政府は日本からの移住者を受け入れる用意があることを申し出て、友好条約5条で移民に関する協力が定められた。また、カンボジアのシハヌークが強く希望したプロジェクトとして、キリロム高原での観光都市建設を日本が支援するという案が浮上し、友好条約4条の「経済的、財政的、技術的および文化的協力関係強化」の一環として、都市建設計画への支援が考案された。この条約以降、準備に向けた動きが本格化した。

■日本とカンボジアの「距離感」

1950年代の日本の人たちにとって、カンボジアという国はどれくらい知られていたのだろうか。東南アジア全体と日本との間での経済活動が活発化する中で、商社などの駐在員や技術者などを中心とした、人の交流は増えていった。たとえば、タイでは1958年に日本人会が復活し、1959年には日本人商工会議所（会員数52社）が発足するなど、早くから日本との人の交流の復活が進んだ。しかし、カンボジアでは、戦時中に進駐した軍人・兵士がそのまま残った限られた例はあったものの、少なくとも「日本人社会」と呼ばれるようなまとまったコミュニティは存在していなかった。[*4] 企業進出では、東京銀行が1957年に駐在員事務所を置いたのが初期の事例であるが、支店を設置するまでの規模ではなかった（東銀史編集室 1997）。これらのことから、当時の日本の人たちが、ビジネスや友人・親戚などのつながりを介してカンボジアについて情報を得る機会はとても限られたものであったと思われる。

ただし、カンボジアがまったく「遠くの知らない国」であったと思われていたわけではなさそうである。少なくとも、個人としてのシハヌークは日本でもある程度は知られた存在であった。シハヌークの1953年の来日は二度めのことであり、日本が外交自主権を回復して最初のアジアの王室関係者の来訪であった。また、友好条約を締結した1955年の三度めの来日も、来訪を報じる日本の新聞は一様に好意的な扱いをしていた。

＊3 1956年12月、オン・チアン・グオン駐日代理大使が日本の外務省側に対しての発言による（友次 2019、一次資料は外務省記録「日本・カンボディア経済技術協力関係一件」第2巻）。

＊4 「第24回衆議院外務委員会第19号昭和31年3月13日」議事録によると、1956年当時、250人前後の日本兵がカンボジア国内に残っているのではないかとの質問がされている。しかし、政府側は確実な数字の返答はしていない。

■二つの経済協力プロジェクトの概況とその顛末

友好条約が締結されてから、さっそく日本側はプロジェクトの実現に向けた調査団を派遣するなどの準備を始めた。1955年2月には二週間ほどの、そして4月から一か月ほどの移民に関する調査団が派遣され、3月から4月にかけても高原都市を建設するための調査団が現地に派遣され、合わせて一か月半の調査を行った。

移民計画については、外務省移民局や農林省を中心としたチームによる調査が行われた。移民の受入について、日本は19世紀から世界各地に移民を送り出していたが、戦後も海外から帰国した人たちやベビーブームにより増え続ける人口を国内でまかなうことができず、日本人移民を受け入れてくれる国を探していた。1949年5月、衆議院本会議では人口問題に関する決議を可決しており、「我が国の人口は著しく過剰である」との現状認識をもっていた。そして、産業振興、国土の開発、食料増産、人口増加率の抑制などとともに、「将来の海外移民に関しその研究調査の準備を行うとともに、関係方面にその援助をあらかじめ懇請すること」を目標として掲げ、積極的に移民の受け入れ先を模索した。[*5]

日本はラテンアメリカの国々とは個別に条約を締結し、定住農業移民を送り始めていたが、より近い地域である東南アジアの国々に対しても、まとまった人数の移民受入れを希望していくつかの国に打診をしていた。しかし、戦時中の日本軍が行ってきたことへの拒絶感が残っていたうえ、日本が再び東南アジアでの勢力を拡大しようとすることに対して、ヨーロッパの旧宗主国も警戒感を示したことから、実現しなかった。[*6] そのような中でのカンボジアからの移民受け入れの申し出は、日本にとって歓迎すべきことだった。計画では、農業移民だけではなく、ある程度の技術を持った人たちを移民させて、現地の産業発展にも資するようにしたり、都市建設計画の実現ともリンクさせるようなことも検討され、毎年1万人、合計5万人もの移民の送り出しが期待された。しかし、調査が進むと、現実的な壁がたちはだかった。

カンボジアへの移民計画は、１９５６年6月くらいまでに、調査団によって「技術的に難しい」という意見が出され断念することになった。カンボジア側から提案された地域は、コンポントム州、ストゥントラエン州、クロチェ州、ポーサット州など、プノンペンから遠く離れた地域で、山岳少数民族が暮らす土地が多く指定された。これらの地域にはマラリアの深刻な地域が含まれ、衛生状況も悪く、移民たちが安全に定住できるようになる前に、相当な時間と資金を投入して環境を整備する必要があるという判断がくだされたためである。このような遠隔地が選ばれた背景には、人口の大半を占めるクメール人（一般的なカンボジア人）の生活を圧迫することなく、非生産的な山岳地帯を日本人移民の手によって生産的な土地に開拓してほしいというカンボジア政府としての考えがあったものと思われる。これらの

＊5　国会議事録（第5回国会衆議院本会議第27号昭和24年5月12日）参照。

＊6　マレーシアやシンガポールでの交渉が失敗に終わった経緯を詳細にわたって分析している都丸（２００６）で言及されているイギリス側の史料によると、日本人の「民族的な多産性」ゆえに東南アジアへの進出が不可避となっていることを憂慮する議論も展開されていたという。

図1-1　カンボジア地図

出所：筆者作成

地域は日本からの移民が生活をするとしたら、インフラの整備をかなりすすめてからでないと、安心して送り出すことが難しい地域であり、報告書には「未開人も暮らす」地域と表現され、困難が多いことが指摘された（河合 1956）。他方で、マレーシアへの日本人移民をイギリスが警戒したように、カンボジアへの日本人移民を警戒するフランスやイギリスからの外交的圧力も存在した（友次 2019）。以上のような理由により、移民計画は尻つぼみになっていった。

都市建設の方は、プノンペンから車で1時間半ほどのところにあるキリロム高原地域に予定された（図1-1）。建設予定地は森林に囲まれた地域にあり、そこにゼロから街をつくろうという計画である。調査団によって水力発電のためのダム湖の周辺に日本式五重塔や庭園、大学、

図1-2　報告書に記載された都市計画図

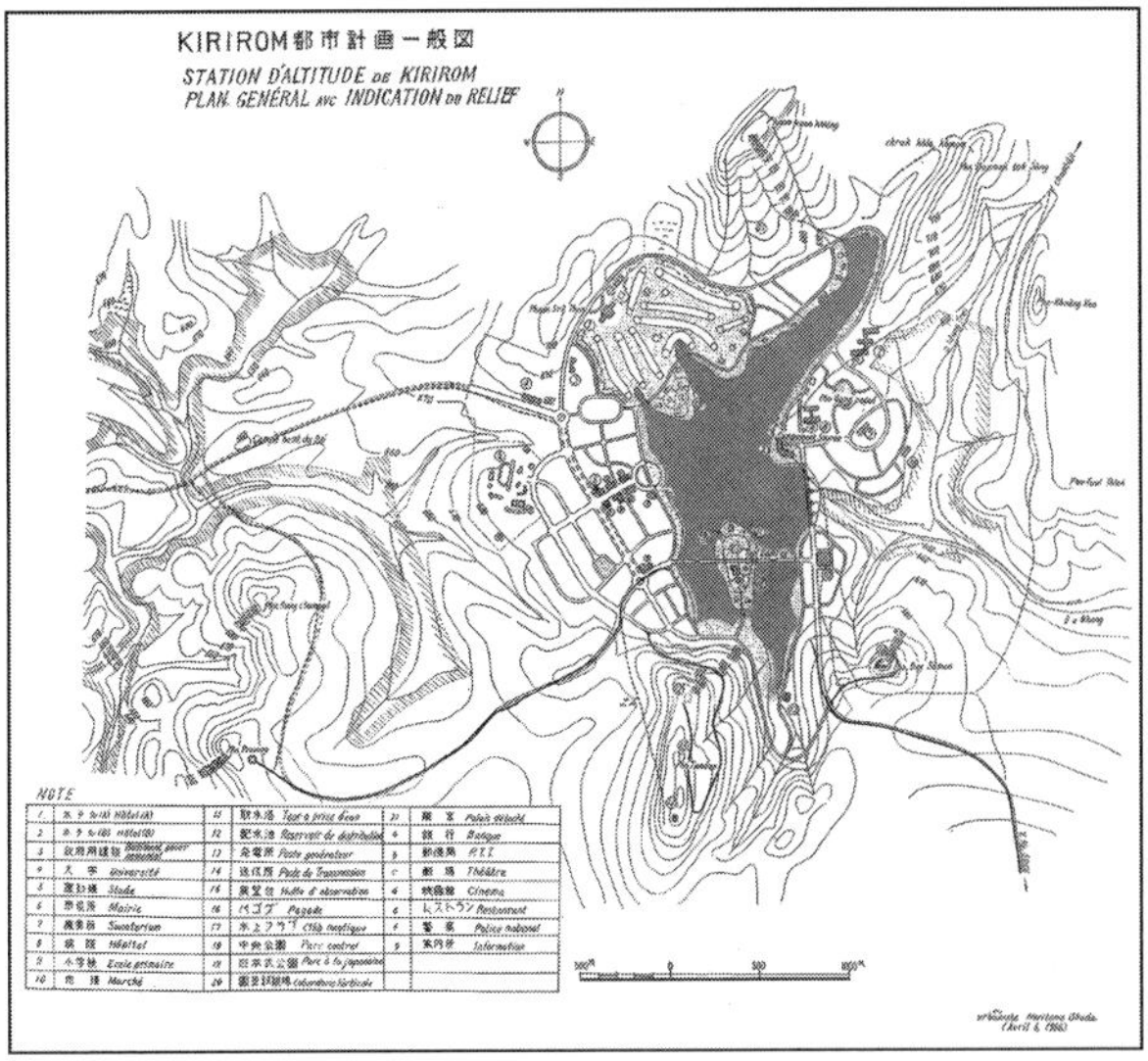

出所：アジア協会（1956）所収

病院を配した詳細地図が作成された（図1-2）。

都市建設には総額30億円（現在の価値で約180億円）かかるとされた。他のアジア諸国に対して賠償・準賠償を通して実施されたプロジェクトの金額と比較して格安の部類に入るのかもしれないが、かといって小さな金額でもない。都市開発・経営は日本とカンボジアとの合弁会社によることが想定され、当初は民間からの資金の活用も含め、あらゆる方法が検討された[*7]。ただし、採算性については、調査報告書「カンボディア技術調査団報告書」（アジア協会1956）でも「30億の投資のうち55%ま

＊7　「第24回衆議院外務委員会第19号昭和31年3月13日」議事録による。

表1－2　対カンボジア経済技術協力品目別認証額

1．農業・畜産・医療、3センター　5億8500万円 〈内訳〉先発技術者5名派遣、農畜センター技術者15名派遣、設計、建設、資材、技術者派遣（農業10名、畜産7名、医療7名）
2．センター以外のプロジェクト　9億1400万円 〈内訳〉プノンペン上水道用資材、設備、ポンプ、交換用資材等水道資材、トンレサップ河架橋建設用資材、電気資材（変圧器スイッチ、碍子等）
合計　14億9900万円

出所：大蔵省財政史室編『昭和財政史』第1巻
注：10万円以下切り捨て

ではカンボジア政府の承諾を得るならば、都市経営自体に於いて回収することが出来る」といいつつ、「遠い将来を見とおして〝資本を棄てるつもり〟で投資しなければならない」と言及しており、投資金の回収に明るい見通しはもっていなかった。さらに、「キリロムのオアシスは、わずか30億円で建設することができる。日本国民がカンボジア国民の友誼に応えようとするならばそれは実に些細な、しかも真に意義ある贈りものであると思う」と記しており、収益性よりも友情に強く訴えていた。

もとより将来的に採算がとれるタイプのプロジェクトではないこの計画に、これだけの支出をすることの妥当性は省庁間でも大きな議論となった。しかし、1959年3月に経済協力協定が締結される頃には、あらためてカンボジア政府の希望が確認され、都市建設ではなく農業・畜産・医療センターなどの小規模なプロジェクトへとスケールダウンした経済協力が行われることになった（表1－2）。自由な発想によって計画されたプロジェクトは、現在の私たちにも十分想像しうる堅実に計画された経済協力案件にからめとられていったのである。

3　キリロム高原都市建設計画と移民計画の興奮と頓挫

■経済協力プロジェクトの実施に奔走した人たち

キリロム高原都市建設計画は、ほんの一年にも満たない期間に、日本のカンボジアとの経済協力のシンボル的な計画にまつり上げられ、プロジェクト調査団の団長であった岩田らによって計画が練りあげられ、そして、人々に発信されていった。

カンボジアでの経済協力プロジェクトを推進していた人たちとしては、①現地でカンボジア政府からの要望を直接聞きながら交渉にあたっていた吉岡範武駐カンボジア日本大使を含む外務省、②東南アジアへの進出の仕方を模索していた財界から藤山愛一郎日商会頭（アジア協会会長、後の外務大臣）、③アジア協会からカンボジアへの調査団を率いた岩田らの実務家が挙げられる。

アジア協会は、もともと東南アジア諸国に対する賠償義務並びに経済協力の具体策などを研究するために外務省に設置された「アジア経済懇談会」の提案により、民間の行う経済・技術協力を推進するために南洋協会、アジア経済協力会、東南アジア産業経済調査会などの民間団体を含む諸団体を統合して１９５４年度に発足した社団法人である。同協会は、アジア諸国が日本の再進出に警戒をいだいていたこの時期、あくまで「民間」の立場をとりつつ、政財官界をつなぎながら、アジア諸国との経済協力関係構築に深く関わってきた。ビルマ（現在のミャンマー）との平和条約締結後に実施されたビルマ経済調査団に協会幹部を派遣したり、フィリピンとの賠償協定でも藤山会長らが二国間の交渉に参加するなどしている（辛島 2015、佐藤 2021）。カンボジアとの関係においても、アジア協会は調査団の派遣からその後の交渉でも大きな役割を担った。なお、アジア協会は、1962年に他の法人と統合して海外技術協力事業団となり、のちの国際協力事業団（現在の国際協力機構）の母体の一つとなっている。

都市建設プロジェクトに反対はしていなかったが積極的に推進する立場をとったともいえない通商産業省（通産省、後の経済産業省）は、通商協定の締結や日本企業の利権の余地の有無といった観点から、事態の推移に関心はもっていた。また、大蔵省（後の財務省）は予算の観点から一貫して慎重・反対の立場を貫いた。

登場人物と関係する組織を整理すると図1-3のようになる。カンボジア側で直接相手方との接点をもつ外務省や大使館の役割が大きいのは当然であろうが、同時にアジア協会／財界といった民間・半民間の団体や個人が調査の段階から積極的に関与し、プロジェクトのすばらしさや日本とカンボジアとの友好関係を日本側の関係機関や広く国民に広める役割も果たした。とりわけ、アジア協会副会長の岩田は、調査の実施、報告書の執筆、報告会の実施などによるメディアへの発信など随所で重要な役割を担った。

岩田は、団長として都市建設の調査団を率いた。調査団の団員には、日本道路協会理事、全日本観光連盟専務理事、建設省計画局都市計画課技官、建設省道路局専門員、経済企画庁調査官（それぞれ当時48～59歳）も含まれた（アジア協会 1956）。岩田は、戦前マレー半島にて天然ゴムプランテーションに関わってきた農業技術者であり経営者でもある。長く東南アジアに関わっており、カンボジアやインド

図1-3　登場人物・組織の整理

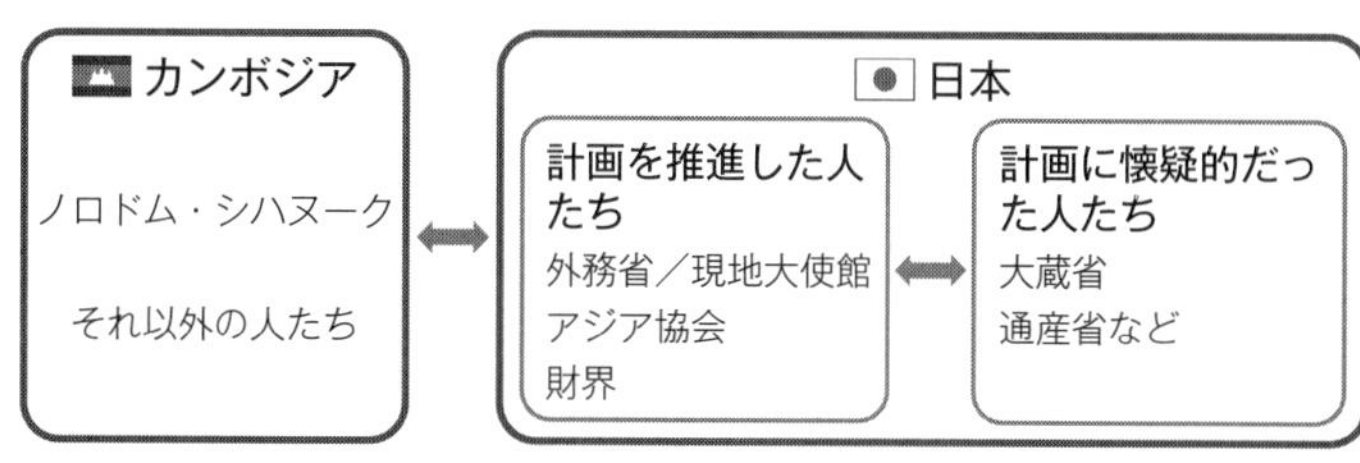

注：⟺は交渉関係にあることを示す

シナ半島の専門家というわけではないが、第二次世界大戦中の1941年10月から翌年2月にかけて、外務省派遣のフランス領インドシナ資源調査団員として、ベトナム、カンボジアに滞在した経験がある。戦後は、自分が経営していた会社の引き揚げ者を含む社員の生活のために奔走したのち、アジア諸国への経済協力に尽力することになった。発足したばかりのアジア協会副会長としての任務に就き、多忙な会長にかわり、協会の中心的役割を担っていた。インドネシアでの賠償・経済協力の計画段階でも、アジア協会として調査団に関わり、詳細かつ具体的な岩田試案をつくって日本およびインドネシア政府に働きかけていたという（小林・野中　1985）。

「カンボジア観光都市建設技術調査団長に決まった岩田喜雄」（朝日新聞1956年2月20日朝刊3頁〔人寸評〕）という人物紹介の記事では、「戦後いち早く賠償を放棄してくれた親日国に対して、日本としては何かしてあげなければならない義理がある。そこへ〃ひとつ尊敬する日本の手で、この大事業をやってくれ〃と向うから頼んできたのだから、これは損得を一応度外視しても引き受けないわけにはゆかない。東南アジアに対する経済協力ということはここ数年間かけ声だけに終っていたが今度の都市建設は、いわば本当の意味の経済協力のさきがけだ」と計画について豪快に語っていた様子が紹介されている。

資料の制約もあり、カンボジア側から見た本件への反応は日本側のメディアを介した情報しか確認できず、詳細は不明である。ただ、カンボジアに駐留した経験ののち、独立を支援して個人的にカンボジアに残った軍人である只熊力は、キリロムの計画について「然しそのカンボチヤの経済力と独立国家として、先ず社会事業の充実を要する現段階にある彼等には到底不可能であり、又かく国民の窮乏を無視するような事は為すべき事ではないと思う」と記述している（只熊 1956）。日本側が「カンボジアの要望」として捉えたキリロムの都市建設も、カンボジア全体からの要望というよりも、シハヌークを中心とするごく一部の要望を受け止めたものにすぎないと理解する見方もあった。

■計画の盛衰

岩田をはじめ計画を推進していた人たちは、メディアや報告書を通して、自分たちが推進する計画を人々に伝えた。日本のメディアは、調査団の報告を中心に、カンボジアへの援助の計画の進捗を報じてきた。以下では1955～1956年当時の大手新聞（朝日、読売、毎日、日経）の記事およびアジア協会がまとめた報告書や雑誌『アジア問題』での岩田が執筆した論考などを参照しつつ、計画の立ち上がった時期、調査団派遣から計画の実現に向けた議論が行われた時期、当初計画案が消えていく時期のそれぞれについて、計画推進者たちの主張がどのように展開されていったのかをまとめる。

①計画が立ち上がった時期（1955年12月頃〜1956年4月）

友好条約から経済協力計画の実現にむけて動き始めた頃、シハヌークが来日したことを紹介する記事（「親日殿下」（朝日新聞1956年2月5日夕刊1面〈今日の問題〉））では、「カンボジアは、日本に対する賠償請求権を放棄した世界でただ一つの国でもある。」「親日殿下には実のあるお土産を考えたい」と記されており、カンボジアへの「恩義」を何らかの形で形にすべきだという主張が示されている。

友好条約締結から約半年ほど、カンボジアへの援助計画を報じる新聞には積極的な見出しが並んだ。1956年3月13日付の日経新聞では、「カンボジアとの協力進む：政府、総合対策の検討に着手」という記事が一面トップで紹介されており、調査団の報告会の様子を紹介する朝日新聞（1956年5月11日夕刊）では、「やる気があれば今すぐにでも着手できる計画で、この都市建設は日カ両国を力強く結びつける好機である」という調査団の結論を紹介する。カンボジアへの日本人移民についても、増加する人口に対する雇用創出の意味合いでも大きな期待が寄せられていた。友好条約締結直後の読売新聞社説（1956年12月11日）では、「アジア移民への第一歩」という見出しとともに、カンボジアへの移民が東南アジアの他国への移民の足がかりになる期待が示された。さらに、「11月にも移民第一陣：カンボジア、中小企業を歓迎」（読売新聞、1956年3月5日）、「首切り旋風に集団移民：小倉の駐留軍労務者、カンボジアに活路」（読売新聞、1956年5月11日）といった、まさに数か月以内に移民が開始されるのではないかとの楽観的な見通しに期待する声が広がっていた。

②計画実現の雲行きがあやしくなった時期（1956年5月頃〜1956年10月）

調査の詳細が明らかになり、また予算の具体的な議論に入っていくにつれて、いくつかの深刻な問題点があぶりだされ、先行きが不透明になっていった。都市建設計画に関しては、日本が他の国に賠償として行っていたプロジェクトに比べて、賠償を放棄した国である（本来なら支払わなくてよい国であるはずの）カンボジアのプロジェクトへの資金が大きくなりすぎているのではないかと大蔵省が難色を示した。また、移民送り出し計画については、カンボジア側から提案された地域が深刻なマラリア地帯であり生活が過酷なものになることが予想され、明らかに技術的に難しい点があることが調査団によって指摘され、1956年5月には「将来は期待できるが今年の移民は無理である」（読売新聞、1956年5月26日）など、楽観的な見通しに警鐘を鳴らす冷静な議論が行われていった。とりわけ移民については、戦前の南米への日本人移民で過酷な経験に直面した事例があったことから、安易な派遣が避けられたものと推察され、技術的に困難ということで議論は急激に初期の熱気を失っていった。

都市開発計画を推進しようと考えていた人たちは、実現への動きが停滞していったことにやきもきし始めた。1956年夏頃には、「援助競争」を引き合いに日本の援助が遅いということ、それにカンボジア政府が「不満」をもっているということが紹介されるような記事が相次ぐ。「カンボジア、日本の援助に不満——吉岡大使談」（読売新聞、1956年8月23日）、「カンボジアと経済協力——政府は実現急げ、中共（中国共産党）らにとられる、藤山氏らが申入れ[*8]」（読売新聞、1956年7月22日）といった記事がみられ、吉岡大使や藤山日商会頭／アジア協会会長が政府に申し入れをするなど、カンボジア側の不満を伝えたり、援助競争のような外交政策上の戦略性に言及し、日本による経済協力・援助の実施の意義を伝えるようになった。「経済建設急ぐカンボジア──東西で援助の競い合い、少ない日本側輸入に不満」（読売新聞、1956年7月27日）の記事では、「国内建設の面で、米、仏などの自由陣営とソ連、中共など共産陣営の援助競争がシノギを削っている」と、カンボジアを舞台に繰り広げられている各国の援助競争の実情を知らせることで、日本がこの中にあって援助を急いで行う必要性を訴えている。

実際に、当時のカンボジアには、中国、フランス、アメリカから矢継ぎ早に支援が行われていた。カンボジアは中立政策をとっていたが、冷戦下にあって東西いずれの陣営からも積極的に援助を受け入れており、「国家開発2か年計画（1956～1957年）」の支出実績の80％以上が外国からの援助に頼っていたという（高橋　1972）。フランスは港湾や水道などのインフラ整備や農村開発を中心に、アメリカは車両や肥料・薬品などの物資供与などの経済援助のほか、軍事援助も積極的に行っていた。さらに1956年2月にシハヌークが北京に招かれて以降、中国とも友好関係を深め、2500万ドル相当の経済連携が成立したとも報じられた（アジア協会　1956）。カンボジア政府との交渉の窓口であった大使館や、都市開発計画の遅延にやきもきしていたアジア協会や財界関係者は、これらの援助競争が激し

＊8　ただし、当該記事の中では、「カンボジア」と「ヴェトナム」が混同されている表現があり、「カンボジア」の当時の認知度は実際には低かったことがうかがえる。

くなってきたこと、その中で日本の対応が遅いことに「カンボジア政府が不満をもっているらしい」ということを、国内での交渉・調整の材料としたが、事態は簡単には変わらなかった。

　１９５６年10月、一時的に計画が実現に向けて動きかけた。「キリロムの都市建設は有利、通産省もの り出す――カンボジアの好意にむくいる」（読売新聞、１９５６年10月19日）の記事の中で、外務省が「最近同国（カンボジア）の対日感情が悪化しているので協力の誠意を見せる必要」を強調しつつ、消極的であった通産省の態度に変化が見られたことを報じている。この中で、都市建設の中での道路、交通機関の経営あるいはゴム園、電源開発の権利を優先的に日本に与えること、カンボジアとの間で日本が希望する現金決済方式による通商協定を締結するための捨て石としてこのプロジェクトを推進することが重要なのではないかという、日本にとっての経済的側面での具体的なメリットが言及された。この時点でも大蔵省は引き続き反対の態度を崩していないが、都市建設の周辺で並行して行われるであろう事業で採算に乗る部分には肯定的な評価をしている。

③計画の縮小・変更に向けて舵が切られた時期（１９５６年11月以降）

　実際には計画縮小への大きな流れは変わることはなく、１９５６年11月、カンボジア向けに準備できる金額が15億円になることが閣議決定された。日本側では、カンボジアに割り当てる予算をできるだけ圧縮することで、賠償で大きな金額を求めている別の国の動きを抑制する必要があったという説明もされている（友次 ２０１９）。

写真１-１　キリロム１水力発電ダム湖周辺の様子

都市建設が予定されていた地域には、1968年にユーゴスラビアの支援でキリロム１水力発電ダムが建設された。内戦中に破壊され、1999年に中国の支援により小規模な水力発電ダムとして復旧している。キリロム高原全体ではリゾート開発が行われている地域もあるがダム周辺は静謐が保たれている。
出所：筆者撮影（2016年７月）

この15億円を何らかの形で都市建設に使ってもよかったはずであり、当初は日本政府側も一部を都市建設に用いる予定であった。しかし、この頃になると、カンボジア政府自身が農業分野への支援を希望するなど、都市開発計画への支出は次の段階にしてほしいという声が届くようになったという。そもそも、都市開発はカンボジアとの合弁会社設立が念頭にあったことから、カンボジア政府にも一定の出資を求めていた。そのため、カンボジア側も関心が高くなければ進展は望むことができない。その背後では、カンボジア国内での政治混乱、外国からの援助を巡る汚職事件の発生などをうけ、不満がくすぶる中、先に経済開発二ヶ年計画の実施を着実に進めることが必要との判断があったもようである。岩田自身、カンボジア政府の心変わりに戸惑いを見せたが、日本政府がそれに応じる形で経済協力協定の内容が詰められ、1959年3月に最終的な協力内容に沿った協定が締結されることになった（岩田 1957）。

これにより、都市開発計画も日本からの移民の計画も、正式に終わりを遂げた（写真1-1）。協定にのっとり、現在のバンテアイミアンチェイ州モンコルボレイに診療所がつくられた。高原都市が実現していたら、つくられなかったかもしれない病院は、老朽化が進んでいるものの、いまも現地の人たちからは「日本病院」と呼ばれている。

4　カンボジアでの計画を推し進めた個の力

日本の経済協力が始まったばかりの頃の1950年代半ば、カンボジアとの協力を進めていくうえで、日本は独立したばかりで友好的な関係を築いていたカンボジアとの協力プロジェクト計画を構想した。その計画の実現に向けて奔走していた人たちは、国内での交渉・調整が難航したとき、繰り返し「カンボジアの厚意（賠償放棄や移民受け入れ）や友情にむくいる」ことを強調し、プロジェクトを実現することが人々の恩義に応えることだと訴えた。

移民計画は、比較的冷静に技術的な困難さが早期に指摘されたが、キリロム高原都市開発計画は、岩田をはじめとする関係者の熱い思いに後押しされ、10か月ほどの間、調査が行われ、真剣な議論が展開されてきた。おそらく、カンボジアで議論され消えていったプロジェクトの議論は、岩田がいなければこんなに動くことはなかっただろう。岩田はカンボジアとの経済協力の扉をあけようと奮闘し、当初のプロジェクトの実現という意味では失敗に終わったものの、その計画の交渉・調整段階では大きな存在感を示した。しっかりとした組織によって行政的にものごとが進められるようになった現在であっても、国際協力の現場には、ときに強烈なキャラクターともとられかねないほどの強いリーダーシップをもつ個人に期待される役割は大きい。あるいは、１９５０年代のまだ国際協力のスキームも確立されていなかった時代であったからこそ、個人の役割がいまよりも大きく頼りにされていたのかもしれない。

現場を知るリーダーの自由な発想による「大風呂敷」ともいえる高原都市開発計画は、日本にとっての国益やプロジェクトの収益性がより重視されるような現代だったら、最初から見向きもされなかったであろう。また、カンボジアに住む人々の便益というよりも、カンボジア政府のトップであったシハヌーク周辺の一部の人々の夢を重視しただけとも受け止められかねない計画であったことを思うと、頓挫したことは仕方がなかったように思われる。ただ、まだ日本の国際協力が始まったばかりでその方向性が模索される中で、様々な発想をもたらす想像力から生まれ出た計画が、かなり自由に検討されていたという事実は興味深い。この自由さは、日本の国際協力に幅を与えてくれる原動力の一つにもなりうる。また、このような実現されなかった計画こそ、実際に行われた計画を見えないところから支えている。消え去った計画のあり様を知るということは、日本の国際協力の初期の制約の中での自由な発想を知る助けになってくれる。

参考文献

アジア協会（1956）『カンボディア技術調査団報告書』。

今川幸雄（2000）『カンボジアと日本』連合出版。

岩田喜雄（1956）「カンボジァキリロム高原都市建設の推進について」『アジア問題』第5巻第1号、104—109頁。

岩田喜雄（1957）「カンボジァに対する経済協力の問題——再びカンボジァを訪れてその打開を願う」『アジア問題』第6巻第3号、100—104頁。

海外技術協力事業団（1968）「技術協力動向調査報告書（No.6）（カンボジア・ベトナム編）」昭和43年2月、海外技術協力事業団。

河合恒（1956）「〈海外農業の紹介〉カンボジヤ国の農業事情と日本人移住問題」『農業と経済』11月号、22—32頁。

辛島理人（2015）『帝国日本のアジア研究——総力戦体制・経済リアリズム・民主社会主義』明石書店。

小林一彦・野中正孝（1985）『ジョホール河畔——岩田喜雄南方録』アジア出版。

佐藤仁（2016）『野蛮から生存の開発論——越境する援助のデザイン』ミネルヴァ書房。

佐藤仁（2021）『開発協力のつくられ方——自立と依存の生態史』東京大学出版会（近刊）。

高橋保（1972）『カンボジア現代政治の分析』（国際問題新書）財団法人日本国際問題研究所。

只熊力（1956）「獨立軍指導者の語るカンボチヤ獨立顛末記」『海外事情』第4巻第3号、53-63頁。【昭和31年3月号.拓殖大学海外事情研究所.】

東銀史編集室（1997）『東京銀行史——外国為替専門銀行の歩み』東銀リサーチインターナショナル。

都丸潤子（2006）「戦後日本の東南アジア移民送出計画とイギリス——ヒトの移動からみたアジア復帰過程」『歴史学研究』第818号、18-34頁。

友次晋介（2019）「「準賠償」としての日本・カンボジア経済技術協力協定——日本政府内政治過程と国際関係1955

〜59」『東南アジア研究』第57巻第1号、31-55頁。

第**2**章

安全「だから」援助するのか、安全の「ため」に援助するのか

アフガニスタンと中村哲医師

林　裕

「平和構築」や「復興支援」など、平和で安定した国造りを意味する言葉が、国際協力の場で唱えられることがある。これらの言葉は、紛争国を、国際協力によって安定させ、発展させていくことを意図している。しかし国際社会は、紛争国や、紛争の影響下にある「危険」な国に対し、あるときは積極的な介入で国の安定を目指し、あるときは「危険」であるがゆえに介入を見送る。本章では中村哲医師にも言及しながら、アフガニスタンを事例として、あいまいに変化する「安全」「危険」というイメージと、それを踏まえた国際協力を考えてみる。

1　アフガニスタンを歩く

オックスフォード大学卒業後、英国陸軍を経て英国外交官となったローリー・スチュワートは、タリバン政権崩壊直後の冬、アフガニスタンを犬とともに踏破した（スチュワート 2010）[*1]。2002年1月のことである。アフガニスタンは三度の対英戦争を経験した敬虔なイスラムの国である。キリスト教徒とみなされるであろうイギリス人が、三度の戦争をし、現在紛争の影響下にあるイスラム教国を、イスラムの教えにより口（よだれ）が不浄であるとして嫌われる犬とともに歩くということからは、多大な危険が予想される。しかしそこには、私たちが想像する2001年タリバン戦直後の「危険」なアフガニスタンや銃撃や武装勢力との対峙などのドラマというよりは、過酷な環境の中で暮らす素朴な人々の姿を見出すことができる。

私たち日本人は、日常生活の中で、紛争が終わったばかりの国、あるいは、まだ国内のどこかで戦闘が継続しているような国を歩くことはまずない。一般旅行者として、そのような「危険」な国に行こうとすれば、家族や友人たちから大変心配されるだろう。そして外務省の渡航情報をみれば、退避が勧告されている「戦禍のアフガニスタン」を犬と歩くことなどしない。私たちが歩くことも、訪れることもないような国の様子は、報道やネットの情報を参考にしながら想像するしかない。しかし、国際協力においては、しばしばそのような国においてこそ平和構築や復興支援が実施されている。想像できない国で、想像するしかないような国際協力が行われている。そのような国において、現地を歩き、そこに暮らす人たちの声を聴き、活躍した日本人もいた。後の節で言及する中村哲医師である。彼の行動は、危険や安全という二者択一ではなく、人々の日々の生活を細かく想像することの意義を教えてくれる。「想像できない」のは不可能だからではなく、私たちが「想像しない」からではないだろうか。先進国に暮らしている私たちは、援助される人たちがどのような場所に暮らそうとも、「（食べ、話し、働き、家族と過ごすなどの）人が生きる営み」は誰にでも想像することができるはずなのである。

本章では、あるときには「復興支援」という名のもとに大規模な援助が実施され、あるときには「危険」を理由として援助が見送られる国際協力という行動を支えるイメージの形成と私たちの想像力の重要性を、アフガニスタンを事例として考えてみたい。

2　アフガニスタンの歴史的変遷と変化する国のイメージ

■アフガニスタンの展開と政府開発援助

まず最初に、少しアフガニスタンを巡る歴史を簡単に振り返っておきたい。これは、私たちが現在想

＊1　タリバンとは、「学生たち」を意味するが、アフガニスタンの歴史的文脈では、極端なイスラム解釈に基づいて1996～2001年の間実質支配した。

像するアフガニスタンというイメージを形作ってきた情報の流れを追うことを意味するからである。その時々におけるアフガニスタンに関する報道は、日本語でも広く報道されたことで、私たちの想像するアフガニスタンを形作ってきたといえる。

穏やかな農業国家であったアフガニスタンが、日本において頻繁に報道されるようになった一つの契機は、１９７９年のソ連軍によるアフガニスタン侵攻であろう。[*2] アフガニスタンにおいて、ソ連軍は泥沼のゲリラ戦に苦戦し、１９８９年に撤退する。以後アフガニスタン国内は国内軍閥同士の内戦に突入していくが、冷戦崩壊の中で私たちにとってアフガニスタンは、「忘れられた戦争」となっていく。しかし、２００１年9月11日の米国同時多発テロによって、10年以上忘れていたアフガニスタンが一気に私たちの認識の中に入ってくることになる。

米国同時多発テロは、アフガニスタンを拠点とするオサマ・ビン・ラディン並びに国際テロ組織アルカイーダによって計画・実行された。ニューヨークとワシントンDCを「攻撃」されたアメリカは、他の有志連合国とともに、同年10月アフガニスタン空爆を開始、地上戦も開始され、11月、首都カブールを制圧する。12月5日にはボン合意によってアフガニスタンに暫定政権が樹立され、12月22日、ハミド・カルザイ議長（当時）以下、30名の閣僚で構成されるアフガニスタン暫定行政機構が発足した。こうして、１９９６年タリバンのカブール制圧によって誕生したアフガニスタン・イスラム首長国が崩壊し、カルザイ議長のもとで新生アフガニスタンが歩み始める。２００４年には、新憲法が発布され、アフガニスタン・イスラム共和国となる。

２００１年12月の暫定行政機構誕生により、極端なイスラムを掲げるタリバン政権ではない、民主的なアフガニスタンの建設に向けて、国際社会の支援も一気に流入するようになる。２００１年の対アフガニスタン支援供与上位5カ国（①オランダ、②ドイツ、③ノルウェー、④イギリス、⑤イタリア）の支出合計は約3億２３００万ドル、しかし翌２００２年は上位5カ国（①アメリカ、②イギリス、③ドイツ、④オランダ、⑤ノルウェー）で9億８６００万ドルと3倍になる。この流れに沿って、日本政府も対アフガニスタン支援を一挙に増額する。１９６１～２０００年までの日本の累計総援助額が約93億円だったにもかかわらず、２００１年には単年の約束ベースで25億円、２００２年には、３３８億円に急増するのである（ＯＤＡデータブック）。

■アフガニスタンに関する2001年以降の報道とイメージ

ここで、私たちが想像するアフガニスタンを形作るうえで大きな役割を果たした報道に焦点を当ててみる。２００１年9月11日以降、私たちの多くは、テレビで映し出される映像にくぎ付けになった。連日、ニューヨークのワールドトレードセンターに突っ込むアメリカンとユナイテッド航空機、崩壊する

＊2　１９７９年12月27日、アフガニスタンと国境を接していたソ連は、アフガニスタンを親ソ政府として維持するために軍事侵攻した。

ワールドトレードセンターのツインタワーの映像が映し出された。そしてこのテロ事件を起こした首班としてアフガニスタンに拠点を置くオサマ・ビン・ラディンらのアルカイーダが特定されていく。これを受け、米英軍を主体とする有志連合軍の航空機が空母から発艦、アフガニスタン各地の拠点を空爆する映像が流れる。11月には、カブールの奪還、12月22日には、3000人が参加する暫定行政機構発足の記念式典が開催され、日本からは外務副大臣が出席した様子が報道された。

戦争から平和への大々的な転換、そして新しい政権の始まりは、アフガニスタンの明るい未来を感じさせ、肯定的なアフガニスタンのイメージを想像させるものであった。忘却されていたアフガニスタンが2001年急遽浮かび上がり、米軍等によるタリバン戦が報道され、首都カブールの陥落が報じられる。タリバンが敗走したから平和な時代が来るという、誰にとってもわかりやすいイメージの変遷である。

「テロと世界　前国連難民高等弁務官、緒方貞子さんに聞く——「人」を重視し平和を築こう」(毎日大阪朝刊　2002年8月19日)や、「アフガン平和東京会議閉幕——カルザイ大統領表明、1年で武装解除」(日本経済新聞朝刊　2003年2月23日)など、これから平和な国ができていくような報道がなされていた。実際の支援の報道も、「バーミヤン遺跡修復、日本チーム始動」(日本経済新聞朝刊　2003年7月3日)や「アフガンの高校、日本援助で落成」(日本経済新聞夕刊　2003年8月12日)など、明るい報道がなされている。肯定的なイメージが想起されることによって、その具体的な行動として、平和構築や復興支援という名のもとに、積極的な国際協力が展開されていったといえる。ここで強調したいことは、平和構築や復興支援がアフガニスタンの平和を作り出したのではなく、アフガニスタンを平和にし、復興させる「ため」に支援が実施されたということである。2001年からの数年間は、国際協力の送り手（先進国）において、受け手としてのアフガニスタン像は、「平和な国づくりに向かうアフガニスタン」というものが共有されていく。

しかし、2005年頃から、報道では次第に希望というよりは、紛争の側面が目立つようになる。「タリバン最高幹部『徹底抗戦続ける』」（日本経済新聞夕刊 2005年2月28日）、「アフガニスタン、タリバン襲撃、再び活性化」（日本経済新聞朝刊 2005年7月26日）など、タリバンの活動が報じられる。アフガニスタンにおける自爆テロや反政府武装勢力（タリバンやイスラム国）の動向が次第に広く流布される一方で、米英軍等の将兵の死傷が伝えられることが多くなる（英国国防省 2004年1月28日）。2010年には米兵44名の戦死者と数百名の負傷者が出たアフガニスタンにおける「死の谷」から米軍は撤退する（New York Times 2010.4.14）。また同年5月には、米兵の戦死者は1000名を超える（New York Times 2010.5.18）。さらに翌年には作戦の途上で米軍特殊部隊22名が一度に戦死するという事態も発生する（Washington Post 2011.8.6）。そしてアフガニスタン政府による統治地域が次第に失われ、タリバンが支配する地域が次第に増加していくと報道されていく（CNN 2018.11.8）。次第に上記にあるような報道内容は、アフガニスタンにおける平和のための国際協力という側面よりも、アフガニスタンにおける長引く紛争という側面が強調されている。先進国等において、国際協力の受け手としてのアフガニスタンは「危険」な国というイメージが次第に広まっていったといえる。このような危険なイメージの一般化と並行して、アフガニスタンにおいて治安情勢が不安定化していくと、危険を主たる理由としてアフガニスタンにおける国際協力を縮小させる動きとなると考えられる。実際、2011年の日本による対アフガニスタン支援額は単年で約570億円だったが、2012年には約360億円へと減少し、2017年には160億円台になる。支援額の減少は、援助の必要性の減少ではないのである。

現地の目を引くような状況を報じるメディアがイメージを作り出し、世論の関心を集め、結果として援助を呼び込むことを、「CNN効果」[*3]という。アフガニスタンにおける国際協力は、その開始期においても、そして退潮期においても、CNN効果に引きずられているとみることができる。希望を抱かせるような状況の報道が国際協力という行動を促進し、次第に深刻化していく様子を伝える報道が、国際協力を送り出す先進国の中に「危険」というイメージを作り出していく。実際、2001年以降しばらくの間可能であったNGOや報道関係者等の邦人のアフガニスタンへの立ち入りは2020年現在ほぼできなくなってしまっている。

ここまで、アフガニスタンという一つの国のイメージが、時間の経過の中で、「ソ連侵攻」「忘却」「テロの温床」「復興」そして「危険」と変容していく様子を、援助と絡めながら述べてきた。しかし、「安全」な国、平和に向かっている「希望のある」国、「危険」な国など、私たちが想像する国の様子は、その国のありようと一致するのだろうか。私たちが歩くことも、訪問することもないような国のイメージと、そこに暮らす人たちの様子は、しばしばずれているように感じられる。そこで、以下では、私たちが歩くことができる観光地など「安全」な国と、歩くことのみならず、入国することも制限されるような「危険」な国との比較から、「安全」と「危険」の区別を考えてみたい。

3 「安全」な国と「危険」な国

「安全」な国と「危険」な国の区別は、絶対的・客観的なものではなく、相対的・主観的なものである。何をもって安全・危険とするかは、絶対的に判断できるものではない。私たちは海外旅行などの際に、なんとなくその国や地域の「安全」「危険」を考えているのではないだろうか。そうはいっても、世界の各地を訪問する邦人のために一定の指針となる情報が必要である。そのような指針の一つとして、外務省は、「外務省海外安全ホームページ」を公表している。このホームページは、邦人旅行者の安全ために、各国、各地域の安全状況を詳細に検討して作成されている。[*4] 日本人にとって「安全」な国と「危険」な国は、一般的には、この「外務省海外安全ホームページ」

＊3 一般に、「CNN効果」とは、CNNのような、世界大にリアルタイムでニュースを伝えることができるメディアが、外交や対外政策に影響を与えることを指す。CNNのみではなく、即時的に映像・報道を世界に伝えるメディア一般を指す。しかし、実際の外交政策や軍事介入への影響については、議論が分かれている（Levingston 1997）。

＊4 https://www.anzen.mofa.go.jp/（最終アクセス：2020年3月9日）外務省は、情報収集、本省・在外公館との調整、日本企業・駐在員の仕事と安全のバランス、邦人旅行者の行動範囲などを考慮して渡航情報を提供している。これは、私たちの目にあまり触れることないが、日本政府・外務省が多大な労力、コスト、資源をかけて邦人の安全のために作成されている。

が判断基準になっているといえる。同ホームページでは、危険レベルを4段階に設定している。レベル1は「十分注意してください」、レベル2は「不要不急の渡航は止めてください」、レベル3は「渡航は止めてください（渡航中止勧告）」、そしてレベル4は、「退避してください、渡航は止めてください（退避勧告）」となっている。危険レベルに言及がない国や地域もあるので、全体として五つの段階がある。

しかし、日常生活の中で、外務省のホームページをみて危険度を調べることなどほとんどない。そもそも、そのようなページがあることも多くの人が知っているとは言い難い。そこで、卒業旅行や観光旅行先として有名なアジアの観光地とアフガニスタンの比較を、同ホームページを手がかりとして行ってみよう。日本政府観光局によれば、アジアにおける邦人の海外旅行先トップは韓国、中国（第2位）、台湾（第3位）、タイ（第4位）やインドネシア（第9位）となっている（日本政府観光局2018）。2018年に165万人以上の邦人が訪れたタイは、バンコク他一部のみが「レベル1」に指定されており（マレーシアと国境を接する最南部は「レベル2」と「レベル3」）、最南部以外の地域は、危険レベルの設定はない。[*5]インドネシアはビーチリゾートとしてバリ島やロンボク島が有名である。インドネシアは全体的にレベル1に設定されておりバリ島やロンボク島もレベル1である（一部「レベル2」）。[*6]

私たちが歩くことができる海外旅行の観光地も、実は外務省によって危険レベルが設定されていたりする。旅行先に関する、私たちの危険度の認識は、外務省の考える邦人の安全のための危険レベルと、ときとして認識の齟齬がある。私たちが想像する「安全」な海外旅行の行き先ですら、想像と危険度レベルに関してずれることがある。海外旅行先として、「安全」と考える国や地域は、どのような根拠に基づいているかを考えてみると、「知り合いが行った」や「有名だから」というような、あいまいな認識で理解されているのではないだろうか。

では、現地を歩くことができないような国、アフガニスタンに関する外務省海外安全ホームページの渡航情報をみてみよう。アフガニスタンは全土がレベル4「退避してください、渡航は止めてください（退避勧告）」となっている。ただし、首都カブールに関してはレベル4（退避勧告）が発出されているものの「真にやむを得ない事情で現地に滞在せざるをえない場合は、政府機関、所属団体等を通じて組織としての必要かつ十分な安全対策を取ってください」となっている。[*7] タイ、インドネシア、そしてアフガニスタンに関する事例は、バンコクやバリ島などの事例を除けば、私たちの想像する「危険」な国、「安全」な国にほぼ該当するといえる。

＊5　日本から年間100万人以上が訪問するタイの首都バンコクが危険レベル1に指定されているのは過去の爆弾事件、反政府デモや集会が治安当局との衝突等のためである（外務省海外安全ホームページ）。

＊6　インドネシア各地における自爆テロや警察官襲撃等の未遂を含むテロ事件の発生を踏まえての措置である（同ホームページ）。

＊7　ここに、邦人の安全と、現地での国際協力に携わる邦人の活動の確保とのバランスを取るための苦労を見て取ることができる。つまり全土に退避勧告（レベル4）を出しつつも、国際協力関係者については、何とか首都のみであるものの、現地で活動する余地を残しているのである。あえて活動できる「窓」を作っているといえる。

写真２-１　カブールの通勤

写真２-２　携帯を使うカブールの女子学生

写真2-3　日本の中古車

写真2-4　農村部の子どもたち

出所：すべて筆者撮影。2-1・2-2・2-3は2013年撮影、2-4は2005年撮影。

しかし、そこで暮らしている人々の様子から、アフガニスタンを見るとどのように見えるだろうか。「退避してください」と指定されているアフガニスタンにおいても、人々は生活している。写真2-1は首都カブールにおける通勤の様子である。また、女子学生も制服のまま携帯を使っていたりと、私たちとそれほど変わらない（写真2-2）。車も私たちが使っているものとそれほど変わらない。日本の中古車が人気であり、特に、日本語が書いてある中古車は高値である（写真2-3）。アフガニスタンは戦地というイメージがあるが、子どもたちの遊ぶ日常もある（写真2-4）。首都の外にある農村部は、組織としての安全対策があっても立ち入りが許されない、つまりNGOや日本の援助関係者ですら立ち入ることができない。このような農村部は、毎日戦闘があるような場所ばかりではなく、穏やかな毎日がある場所もある。このようにみてみると、「危険」や「安全」とは、絶対的・客観的に一律に決めつけることはできないのである。そこで次節では、地方農村部においてそこを歩き、人々の暮らしに焦点を当てた国際協力を展開した、中村哲医師の活動を例としてみてみよう。

4　中村哲医師――「危険」な国で、地域と密接に関わる活動を行うこと

長年医療活動そして灌漑施設建設を行っていたペシャワール会の中村哲医師は、現代において、アフガニスタンを最もたくさん歩いた日本人といってよい。アフガニスタン東部ナンガルハル州を中心に、地域を歩き、放棄された農地の話を聞き、そこに水路を作っていく活動を行った。しかし、2019年

12月4日、中村医師が何者かによる銃撃によって死去した。この事件は、日本人の中に、改めて「危険」な国アフガニスタンというイメージを強くしたといえる。

ここで中村医師と福岡に本部を置くＮＧＯペシャワール会の歩みをまとめつつ、「危険」な国での活動を、中村医師がどのように考えていたかをみてみたい。１９７３年九州大学医学部を卒業した中村医師は、１９７８年ティリチミール遠征隊同行医師としてパキスタンに初めて入国する。ソ連軍がアフガニスタンに侵攻する前年である。そして、１９８３年に中村医師の医療活動を支えるために設立されたペシャワール会とともに、１９８４年からパキスタン北西辺境州の州都ペシャワールのミッション病院に着任し活動を開始する。すでにソ連軍、アフガニスタン政府軍と武装勢力（ムジャヒディン）との内戦がアフガニスタンで始まっており、難民がペシャワールに押し寄せ始めていた頃になる。１９８６年からはペシャワールのアフガニスタン難民への診療を本格化させる。そして１９８９年1月、ソ連軍が撤退した後、アフガニスタンに残った親ソ政府（ムハンマド・ナジブラ政権）と武装勢力各派で作る暫定政府との対立が続くアフガニスタンでの支援活動を開始している。１９９１年ソ連が崩壊し、ソ連の後ろ盾がなくなったこともあり、１９９２年、ナジブラ政権が崩壊、アフガニスタンは本格的な武装勢力各派同士の内戦へと突入していく。このような情勢の中でも、中村医師とペシャワール会は、パキスタン・アフガニスタン国内での医療活動を継続している。もちろん１９９６年にタリバン政権が発足しても、変わらず活動を継続していた。２０００年にはアフガニスタンにおける干ばつが深刻化し、水不足が赤痢やコレラなどの病気を引き起こしていることから、水資源確保、そして灌漑事業へと乗り出していく。

1984年以降、アフガニスタン難民の一大居留地となったパキスタンのペシャワール、そして内戦が続くアフガニスタンでの活動を一貫して継続してきた中村医師は、「一隅を照らす」という言葉でその支援活動を表現している。これは、一人ひとりの命を救える範囲で救っていくという「点」のようにみえるが、その点を次第につなげることで面のような広がりをもつ支援に至っていることは特筆すべきことと思われる。一つひとつの村への灌漑敷設を継続することで、最終的には1万6500ヘクタール、65万人の生活を支えていった。また、「誰もが押し寄せる所なら誰かが行く、誰も行かない所でこそ、我々は必要とされる」という言葉は、メディアで多く紹介されるような「ホットスポット（第5節で詳述）」に国際協力や関心を向いがちな私たちに、違った視点を教えてくれる。

中村医師は1980年代から、いわゆる「危険」な国での国際協力を継続して行ってきた。しかし、中村医師の活動を見てみると、「危険」か、「安全」か、という地平を越えたところで国際協力を実践していたように思える。つまり、国際協力を行う国際スタッフ（外国人・日本人）が安全かどうかという視点ではなく、そこに支援を必要としている人がおり、救える命があるから支援をする、という視点である。もちろん、支援者の寄付金によって支えられるNGOの強みは、政府資金（ODA）による大規模支援と比較すると、全土に一律に展開できないという弱みでもある。それでも、私たちが自分で歩くことがないような国での国際協力を想像するとき、「危険」、「安全」という言葉は、簡単に私たちの豊かな想像を端に押しやり、圧倒してしまう。しかし、私たちが「危険」や「安全」という言葉の呪縛から離れ、そこに暮らす人たちを想像するとどうだろう。厳しい環境の中でも、畑仕事を終えた一日の終わりに、夜は電気の明かりがなくとも、灯油ランプの明かりの中で家族全員が集まり、家族全員で夕食を共にし、灯油を惜しみつつ全員でひとつ屋根の下で眠る。パキスタンのペシャワールでの難民キャンプではなく、自分の国で、自分たちの故郷で、家族全員が1日3度の食事をとることができ、安心して皆で眠ることができる家がある。家族を大切にしているが、圧倒的な医療や保健衛生の欠如、毎日の平穏な生活を維持していく生活の糧がない状況。そのような人々と状況を想像したとき、私たちの想像力は、漠然とした「国」や「治安」ではなく、「人」に焦点を当て始める。それぞれに名前があり、四季の中での暮らしがある祖父や祖母、夫や妻、子供たちなど、一人ひとり、そして家族としての人の営みへ焦点をあわせることは、私たちの想像の幅を広げることの大切さを教えてくれるような気がするのである。巨視的（マクロ）な視点は、全体を把握し、治安や政治経済情勢を理解するために有益である一方で、私たちは微視的（ミクロ）な目をもつことで、自分の生の延長線上に、「アフガニスタンに暮らす人々」を置くことが可能になる。

テロや紛争の「犠牲者X人」とは単なる数字ではない。名前があり、親、妻や夫あるいは子どもであり、一人ひとりの生活がある。そこに思いをはせるのか、単なる遠くて関係のない国のできごととして流すのかを決めるのは私たちなのである。

中村医師という個性がペシャワール会を大きく牽引してきたことはたしかである一方、ペシャワール会の会員がその活動をしっかりと支えてきたことも明らかである。2020年1月25日、ゆかりのある西南学院大学（福岡市）のチャペルで開かれた中村医師のお別れ会には5000人が参列した（西日本新聞　2020年1月26日）。寄付金についても、2019年12月以後の数か月で、2018年度一年分を超える2億8000万円に上った（西日本新聞　2020年3月19日）。

ペシャワール会会員を本章の趣旨に沿って位置付けるとすれば、会員各人は、アフガニスタンを歩くようなことはないが、アフガニスタンという国と中村医師による国際協力活動に対して何らかのイメージをもち、その支援のために寄付や活動支援という行動を起こしてきた人々といえる。ペシャワール会は、会員たちの継続的な支援によって、年単位で億を超える事業費を確保してきた。ここには、中村医師とアフガニスタン、そしてペシャワール会の活動を中心として、一つの「共同体」が形成されていたといえよう。会員たちにとっては、アフガニスタンのイメージは、中村医師の活動報告を主とし、各種報道がそれを補完する形で形成されていたと考えることができる。

筆者は、福岡に本部を置くペシャワール会において、会員の方々へアフガニスタンに関する連続講義を行う中で対話する機会に恵まれた。そこには、会員の方たちのアフガニスタンに関する深い興味と熱意を感じた。同時に、中村医師が活動するナンガルハル州以外の地域に関しても、多くの関心を寄せてくれていた。これは、中村医師の活動報告等やペシャワール会の活動等を通じて、一つの「想像の共同体」が形作られたと考えることもできる。会員が自らが歩くこともないような国だが、中村医師の活動報告などによって、会員それぞれの中に、「中村医師の活動するアフガニスタン」のイメージが形作られ、共有される集団が作られる。そして会員相互はペシャワール会という場所に特別な感情をもち、会の行動を支える自らの行動を行っていく。

中村医師ならびにペシャワール会でも、慎重に安全対策を行い、緊密に地域との関係を保って活動を行ってきた。2008年にはペシャワール会の日本人ワーカーとして現地で活動していた伊藤和也氏が殺害された。以降同会は、一層安全には留意して活動を継続して来た。地方よりも首都の方が危ないということを中村医師は述べていたが、筆者も同感であった。それでも、国際協力を現地社会とともに実践してきた団体から二名の死者が出ている。いかに地域社会と密接な結び付きと信頼関係を構築したとしても、完全な「安全」を保障することはできない。安全「だから」支援するのではなく、人々の安全の「ために」支援する、そして継続してくことは容易ではない。しかし、「危険」だから支援を止めてしまえば、国際協力事業の停止、生活の質の低下とそれによる民心の離反、そして現在の政府の打倒を望む者たちの行動を、私たちが容認し、支援することになるのである。

5 「ホットスポット」と「暮らしの様子」

広く報道されるような「ホットスポット」[*8]には、あるイメージが多くの人の中に共有される場合が多い。子どもを連れて川を必死で渡る母子の姿、アフリカで飢えに苦しむ母子の姿、虐殺の様子、海岸でうつぶせになったまま波に洗われる赤子の姿等。このようにして、イメージされる戦争や国は、時として世論を喚起し、国際協力を引き付けることになる。しかし、共有されたイメージは、必ずしも現地のすべてを表すわけではない。

典型的なイメージによって表象されるように、一つの国を一面的に捉えるか、それとも、そこで暮らす人たちの様子を詳細にみていくのか。これは、国際協力においても、安全を考えるうえでも、大きな課題である。ホットスポットとして、広く報道されるような国は、支配的なイメージで表象されてしまいがちである。支配的イメージとは、実態がどうであれ、広く共有されることで対象を規定してしまうようなイメージである。実際、現在のアフガニスタンでは、報道されるような自爆テロは発生しているので、報道等によって形作られるイメージは一つの現実を伝えている。だが、ほとんど自爆テロなど発生していない農村などは捨象されてしまう。そして、国連等の各種統計資料で示されているような国際協力の必要性・ニーズはたしかに存在する。しかし、前節でみたように、ニーズは必ずしもそれに対応する、必要な量の政府による援助の実施を意味するわけではない。

ＮＧＯが実施するような比較的小規模なプロジェクトは、一つの村や一つの地域を中心として、地域の暮らしをみて、地域と丁寧に対話をしながら援助を実施する傾向がある。一方、政府間の援助などは、一つの村、一つの地域というような視点よりも、地域全体や全国などへのインパクトを考えて、規模の大きな「面的展開」と呼ばれる援助を行うことが可能であり、実際に実施されることもある。

しかし、日本がそうであるように、アフガニスタンにもまた、各地方や各地域にはそれぞれの暮らしがあり、特色がある。そこで、ホットスポットとして報道され形成されるイメージ、私たちの想像する「危険」なアフガニスタンとして、支配的イメージに引きずられて国を捉えてしまうと、異なった様相をもつ同国の各地域の様子を見失ってしまう。かと言ってアフガニスタンのいくつかの地域に注目し、まったく自爆テロが起きない村を以てアフガニスタン全体を語ることも誤りであろう。

ではどうしたらよいのであろうか。私見としてはその時々の「支配的なイメージ」（全国）や「一つの村」（地域）の詳細、いずれに偏るのでもなく、現実が多様な顔をもっている、ということを念頭にすべきであると考える（チェンバース 2000）。2019年ノーベル経済学賞を受賞したアビジット・バナジーとエスター・デュフロは、貧困や援助という大きな括りで考えるのではなく、課題を具体的な問題の束として捉えることを主張している（バナジー・デュフロ 2012）。国や課題を大きな括りで捉えるのではなく、現地がもつ多様性を詳細にみることで、地域の違いや所得の違い、その結果としての行動やその動機の違いに目を向ける。「危険な国」と大きく括るのではなく、農地への水がないことで、一日5ドルで傭兵のような仕事をしなければ収入を得られない農民たち。英語が話せるがゆえに都市部で国連などで通訳や職員として高給をもらえる都市生活者。多様な暮らし、多様な地域があることを細かく想像することは、単純化された国のイメージとは違う視点を私たちに与えてくれる。それは、たとえ私たちが行くことがない国のことであっても、豊かな思索とアイディアをもたらしてくれるものとなる。

2003年から筆者はできる限りアフガニスタンの農村を歩いてきた。最初にアフガニスタンの地を

＊8　1965年に沢田教一によって撮影された「安全への逃避」と名付けられたベトナム戦争の写真は翌1966年ピューリツァー賞を受賞し、日本の教科書にも掲載された。

踏んだのは、2003年11月であった。現地では、元兵士の社会復帰事業、戦争で夫を亡くした女性たちの支援事業や地雷・不発弾除去事業などを行ってきた。2003年に出会った、早く結婚したいといっていた元ムジャヒディン（元ゲリラ兵）[*9]の青年は、2020年になったいまではたくさんの子どもをもつ父親になっていた。当時すでに多くの子どもをもっていた元ムジャヒディンは、水路に捨てられていた子どもを拾ってさらに多くの子どもと人生を過ごすようになっていた。また、2003年当初は戦い方や武器の使い方以外は何も生産的な技術を知らなかった元戦闘員は、2015年には金属加工で自らの店を持つまでに生活も変わっていた。筆者が見たアフガニスタンの地域は首都カブールや、その北方に位置する農村地域であり、比較的平穏な地域であった。他方で、しばしば報道されるような、パキスタンとの国境沿いの地域などでは、いまだに激しい戦闘なども起きており、国内避難民として地域を去らざるをえない人々も存在している。アフガニスタンの地域が多様なように、そこに暮らす人々の生活もまた多様である。2001年以前には、内戦で灌漑施設が破壊され、ブドウの木が焼き払われた果樹園は、2020年のいまでは新しい苗木が育ち始めている。他方で、パキスタンとの国境付近に位置するナンガルハル州では、干ばつによって農地が放棄され、多くの人が難民や避難民となってしまっている。

　日本の国土の約1・7倍の土地に約3000万人が暮らしているアフガニスタンは、富士山をはるかに超える7000メートル級の山地もあれば、暑く乾燥している砂漠地帯もある。ここでの暮らしは、環境に合わせ、さらに多様な民族ごとに多様な暮らしがある。私たちが住む日本も、地域ごとに伝統や違いがある。祭り一つをとっても福岡に山笠があれば京都に祇園祭、仙台に七夕祭りもある。食も気候も北海道から沖縄まで地域ごとに異なる。それを一括りに「日本」としてしまえば、各地域がもつ豊かさが捨象されてしまう。まして私たちが歩くことができない国は、ホットスポット報道に代表されるように一つの国を一様に捉えるような、一つの国を一つのイメージで固定してしまうような視野狭窄ではなく、多様な現実、多様な暮らしの集まりとして想像することが、私たちの思考のすそ野を広げてくれるのである。

6　誰にとっての安全で、何のための国際協力なのか

私たちが歩くこともないような途上国や治安の悪い国における国際協力の現場で実際に働いている人々は、プロフェッショナル、あるいは専門家と呼ばれる。

近年では、国連で働くには博士号が必要、といわれるほど、国際協力の現場における高学歴化が進行していると感じられる。修士号や博士号を取得した人々が、国際スタッフとして様々な国で国際協力の

＊9　ムジャヒディン（Mujahideen）とは、ムジャヒド（Mujahid）の複数形。ムジャヒドとは、聖戦士、戦闘員などの意味をもち、アフガニスタンでは一般的に、対ソ戦やタリバン戦に身を投じた私兵、ゲリラ兵などを指す。

実務にあたる。このような状況をみたとき、国際協力の現場は、非常に多くの「知識人」である国際スタッフによって運営されているとみても、あまり的外れなことではないだろう。さらに、現地スタッフも、それぞれの国で、かなり教育水準の高い人たちが雇用されている。最低でも大学卒、そして現地語の他に、国際スタッフと意思疎通するために、英語やフランス語など最低でも二か国語での業務が可能な人々である。高学歴者（国際スタッフ、現地スタッフともに）によって実施される国際協力の実務現場には、様々な流行（援助潮流とも呼ばれる）があり、専門用語がある。的確に援助潮流をつかみ、文脈に即した専門用語を使いこなす援助関係者は、国際協力分野における知識階級といえる。しかし、筆者にとっては、そのような知識人たちは、知識人であるがゆえに逆に想像力を縛られてしまっているように思えてならない。

20世紀における知の巨人の一人であり、ヨーロッパやアメリカにおける「作られたイメージ」としての「中東・東洋」を分析してみせた『オリエンタリズム』の著者エドワード・サイードは、既存の価値観（集団が信奉する公式見解やコンセンサス、支配的な規範）や体制（大きな権力をもつ側）に向かって批判していくものこそが、知識人であり、その役割であるとする（サイード　1998：66-73頁）。国際協力に携わる人々は、次第に洗練・複雑化してゆく援助潮流という流行や専門用語、メディアで広く関心を集めたホットスポットの情報を追いかけざるをえない。国際協力分野の「知識人」として、そこで支配的な規範を無批判に受け入れ、大きな権力をもつ「援助する側」に飲み込まれてしまう。持続可能な開発目標（ＳＤＧｓ）やジェンダー平等化という国際的な潮流が主流なときに、現地社会における伝統的な生活習慣やコンテクストをあえて優先することは難しい。さらに、援助する側として、自国や自分が所属する組織という「援助する側」の論理（国益やプレゼンス等）もまた、援助の現場におけるプロフェッショナルに圧力を加えてくる。日々の多忙な業務の中で、治安・安全に留意しながら国際協力の現場で働く人々は、一人ひとりの暮らしという微視的な視点よりは、ひとつの国や地域を対象として巨視的に援助の現場を見がちではないかと思う。国際協力の最前線に立つがゆえに、想像力よりも既存の援助潮流や有力ドナーの影響に引かれていってしまう。それらに対して常に問いかけ、批判し、サイードの述べるような弱い者、満足に代弁＝表象されない側に立つ知識人（異議申し立て者）となることは容易ではない。

国際協力の主たる送り手は主として先進国である。しかし、先進国の中にも、国際協力や援助とは縁のない人々もいれば、国際協力の実務にあたる人々もいる。国際協力の受け手を考えるとき、先進国の中も一枚岩ではない。観光ができないような国を歩くこともない人々がいる一方で、行動制限の中でも国際協力業務を行う先進国出身の国際スタッフも存在する。だからこそ、国際協力の送り手の中で、その分野における「知識人」とみなされるような人々は、一面的な国や地域の理解に対して、多様性や多面的な状況など、他の視点をもち、行動する必要がある。現地に滞在し、その国の人たちと接することができるからこそ、国際協力分野における「知識人」たちは、私たち以上に想像力のすそ野を広くすることができる可能性をもっているのである。

他方で、「危険」や「安全」という判断は、つまるところ援助を実施する者たち（国際スタッフ＞現地スタッフ）の安全確保であり、必ずしもそこで暮らす人たちの安全ではない。[*10]そして、「スタッフの安全」や「危険」という、反論することが難しい、かつ、強い力をもつ言説に対して、他の見立てを主張することは、たとえ国際協力の分野における「知識人」としての国際スタッフや現地スタッフであっても難しい。まして、組織としての行動を求められるとき、一人の構成員が異議申し立てをすることは困難である。[*11]ここに、国際協力の制度の外にいるアマチュアとしての私たちや現地に暮らす人々だからこそできる積極的な貢献が可能だと考える。既存の枠組みから考えるのではなく、自分の生活に基づいた視点をもつことができるからである。

紛争から立ち直ろうとする国を援助するとき、それは、「平和を作り出すため」に国際協力を行うのか、それとも、「安全だから」国際協力を実施するのか（裏を返すと、危険だと国際協力を縮小、延期する）[*12]。あるいは「安全」「危険」という判断の地平を越えたところから、国際協力を捉え、行動するのか。紛争地という側面に焦点を当てると、時として、「かわいそう」で「悲惨」な状況におかれた国という想像が固定化する。しかし、私たちが焦点を「そこに暮らす人々」に移せば、私たちと何ら変わらない人たちの暮らしに思いをはせることができる。「現場＝フィールドで働く＝ワークする」ことを自らの立ち位置としてきた中村医師は「現地の人々の想いとその背後の文化を理解し代弁する姿勢」と同時に、拝金主義と効率主義、そして外国人が遅れた貧しい人を助け、自由と民主主義の国を建設するという姿勢への鋭い自文化批判をもっている（清水・飯嶋　２０２０）。相手国に対する私たちの固定されたイメージ、そして無自覚な自己イメージを、私たちが改めて見直し、修正していくことの重要性がここにある。

国際協力は、援助関係者だけによってなされる行為ではない。ペシャワール会が示しているように、国際協力の現場としての違う国に行くこともないような人々に支えられて実現される活動もある。とするならば、専門知識をもつ人たちだけによる国際協力の独占を防ぐために、アマチュアである私たちでも、ホットスポット報道では拾われないような人々を想像し、関心をもって行動することも可能なのである。

私たちが歩くことがないような国の国際協力は、援助を与える側（国際協力の送り手）の想像するイメージによって引きずられる。しかも、その時々によって一つの国のイメージすら変化していく。だからこそ、国際協力の送り手の国に暮らす私たちは、「危険」な国に対して、より一層豊かな想像力を以て、

＊10　福岡にあるペシャワール会事務所を往訪した際に、中村哲医師の遺影とともに、中村哲医師と同行して命を落としたアフガニスタン人スタッフたちの遺影が並んで飾られていた。国籍に関係なくスタッフを処遇するペシャワール会の姿勢が見て取れる。

＊11　アメリカなどの多くの国は、国際協力の過程でスタッフが命を落とした場合に、その貢献を称えるが、それが必ずしも国際協力事業の停止を意味するとは限らない（米国OSCEミッションにおけるジョン・ケリー大使演説　2013年4月11日）。しかし日本の場合には、政治やメディアを通じて、国際協力における邦人の死傷は大きなインパクトを持ち、しばしば事業の停止等につながることが多い。

＊12　国の事業としてのODAにおいて、ODA関係者の安全を、事業効果より優先するという判断が背景にあると考えられる。

現地の多様性を理解しようとすることが重要なのである。現地の多様な社会や現実を想像の中に取り込んだ時、単なる「危険」、「安全」という二元論的な理解、流布している言説に対峙する視点をもつことができるようになる。そして、私たちが歩けないような国の国際協力を考えるとき、もし日本人スタッフが危険「だから」国際協力を止めたらどうなるのかを想像してみてほしい。「安全」なところだけに国際協力を実施していたらどうなるだろう。「危険」とされるような国や地域、そしてそこに暮らす人たちが、国際社会の支援から取り残されてしまう。究極的には、「危険」な国での国際協力とは、私たちはそこに暮らす人たちの安全の「ため」の支援をするかどうかという意志が問われているのである。

参考文献

●日本語

アンダーソン、ベネディクト著、白石隆・白石さやか訳（1987）『想像の共同体——ナショナリズムの起源と流行』リブロポート。

サイード、エドワード・W著、大橋洋一訳（1998）『知識人とは何か』平凡社ライブラリー。

清水展・飯嶋秀治編（2020）『自前の思想——時代と社会に対応するフィールドワーク』京都大学学術出版会。

スチュワート、ローリー著、高月園子訳（2010）『戦禍のアフガニスタンを犬と歩く』白水社。

チェンバース、ロバート著、野田直人・白鳥清志監訳（2000）『参加型開発と国際協力——変わるのはわたしたち』明石書店。

日本政府観光局「各国・地域別 日本人訪問者数 ［日本から各国・地域への到着者数］（2014年～2018年）」

https://www.jnto.go.jp/jpn/statistics/20200318_3.pdf（最終アクセス：２０２０年６月25日）

バナジー、アビジット・V、エスター・デュフロ著、山形浩生訳（２０１２）『貧乏人の経済学――もういちど貧困問題を根っこから考える』みすず書房。

ペシャワール会ウェブサイト

http://www.peshawar-pms.com/index.html（最終アクセス：２０２０年３月９日）

前田耕作・山根聡（２００２）『アフガニスタン史』河出書房。

●英語

CNN "Taliban control of Afghanistan on the rise, US inspector says," November 8, 2018.

https://edition.cnn.com/2018/11/01/middleeast/afghanistan-report-taliban-gains-control-intl/index.html（最終アクセス：２０２０年６月25日）

Ministry of Defense, UK "Private Jonathan Kitulagoda Killed in Kabul, Four Injured," January 28, 2004.

https://www.gov.uk/government/fatalities/private-jonathan-kitulagoda-killed-in-kabul-four-injured（最終アクセス：２０２０年３月24日）

Livingston, Steven（1997）"Clarifying the CNN Effect: An Examination of Media Effects According to Type of Military Intervention," Research Paper R-18, John F. Kennedy School of Government, Harvard University

United States Mission to OSCE "Statement on the Death of Foreign Service Officer Anne Smedinghoff in an Attack in Afghanistan," April 11, 2013.

https://www.osce.org/pc/100851?download = true（最終アクセス：２０２０年３月９日）

第3章

発展を方向付けるイメージ

スリランカ、農村ファーストという選択

麻田　玲

世界のほとんどの国は経済成長とともに人や財を都市に集中させて発展してきた。このような中で、スリランカは人口の８割を農村部に維持しながら経済成長の恩恵も犠牲にしない発展を遂げた珍しい国である。スリランカでは農村は「豊かさ」の象徴として良いイメージが共有されている。人々が都市ではなく農村を居住地として選択してきたのには、開発政策だけではなく農村に対するイメージの力が働いてきたのではないだろうか。

1　都市の発展――日本の「開発」は成功だったか？

戦後日本の経済成長を「失敗」と評価する声はほとんど聞かない。世界銀行は、復興と成長を飛躍的に遂げた日本を筆頭に、香港やインドネシア、台湾などを含めて『東アジアの奇跡』（World Bank 1993）と総称した。また、アメリカの社会学者エズラ・ヴォーゲルは１９７９年の著書『ジャパン・アズ・ナンバーワン』で、第二次世界大戦の敗戦によって大きな打撃を受けた日本が、優れた技術と生産性の高さで非西洋国として初めて工業化を成功させたとして賞賛した（ヴォーゲル １９７９）。この本は日本が他国からの学びを通して独自の制度を創造した点や勤勉さなどを挙げて、当時、世界第一位の経済大国アメリカへの教訓として示そうとした。

アメリカだけではない。マレーシアのマハティール・ビン・モハマド首相は１９８２年にルック・イースト政策を提唱した。彼は日本の集団主義の姿勢や規律が経済成長を可能にしたと評価し、これを手本にした国家開発を行った。たしかに日本は名実ともに経済成長を達成した。終戦から10年で「もはや戦後ではない」と経済白書に記し、１９５５年からの10年間で実質経済成長率は年平均10％を維持した。日本といえば、経済的にも物質的にも豊かで、先進的な高層ビルが立ち並ぶ都市部の光景を誰もが想像するだろう。人口の９割は都市部地域に居住し、そのうちの６割は東京、名古屋、大阪の三大都市圏に集中している。しかし、こうした豊かさの象徴である都市は農村と表裏一体だ。

図３-１は、２０１９年時点における日本全国の「過疎」地域を示している。過疎とは一般的に、「人

図3-1　全国の過疎地域の状況

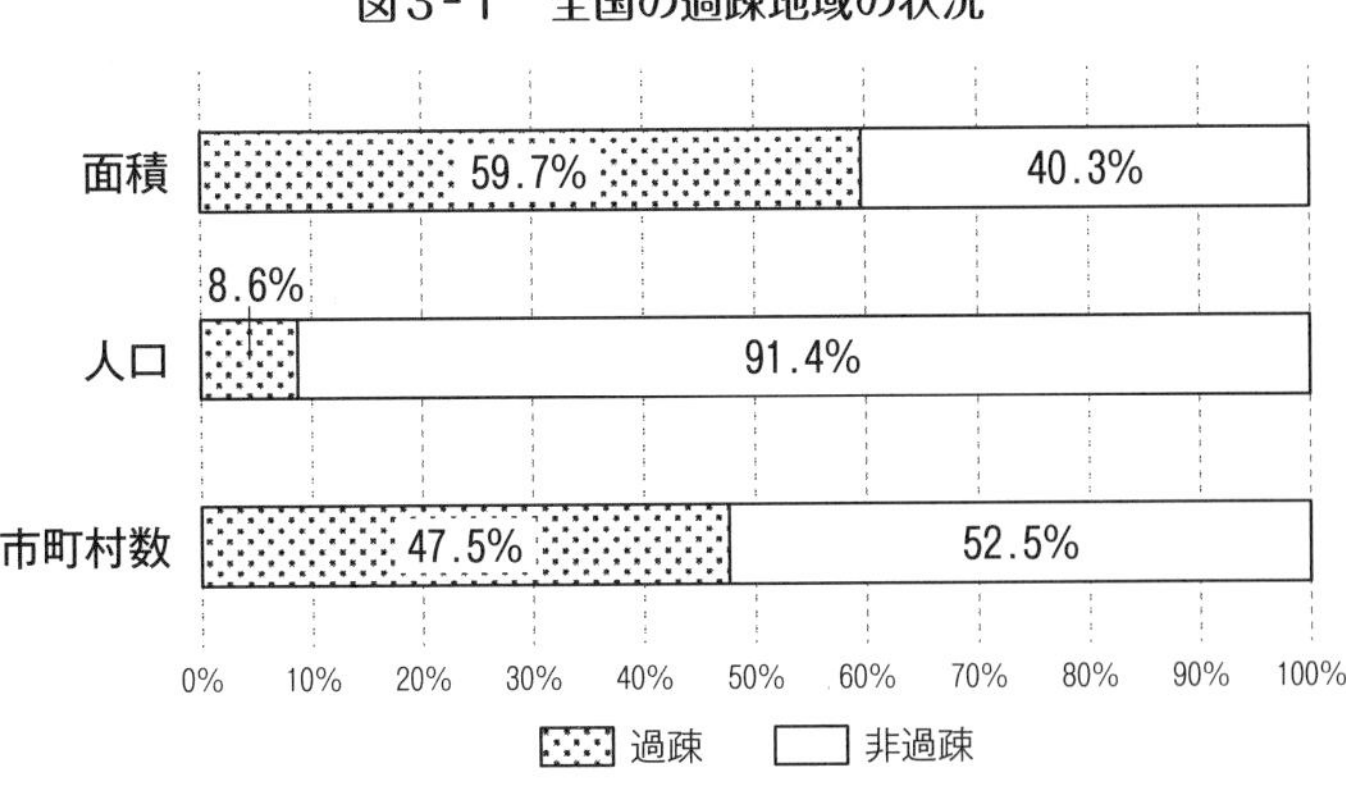

出所：総務省（2019）をもとに筆者作成

口の著しい減少に伴って地域社会における活力の低下、生産機能及び生活環境の整備等が他の地域に比較して低位にある地域」と定義される（過疎地域自立促進特別措置法　２０１７）。全国の市町村のうちおよそ半数が過疎地域で、全人口の91％は非過疎地域に集中している。１９７０年の時点では全市町村全体の27％が過疎認定を受けていたのに対し、２０１９年にその数は47％まで増加した。過疎化の原因は、都市部への人口流出による社会減と呼ばれるもので、死亡による自然減よりも圧倒的に大きい。近い将来にその姿を消すかもしれない自治体を指して「消滅可能性都市」が話題になったのは記憶に新しい。日本の農村には明るさよりも、暗いイメージがつきまとう。

こうした実態は、世界が想像する「先進国日本」と大きく異なるだろう。長期的な時間軸で見直すと、日本の戦後期の発展の「その後」への評価は大きく変わりそうだ。戦後復興期の日本は、多くの西欧諸国が歩んできた都市集中と工業化による成長モデルをたどった。農業は工業と比較して生産性が低く効率が悪い農業は縮小傾向をたどり、その過程で、都市部に人口が集中していった。急速な経済成長を経験した１９５０年代以降、より良い職業と収入、教育の機会、娯楽や利便性を求めて、年間40万人（主に若年層）が地方から三大都市圏へ移動した。都市部には農村部と比較して「より良い何か」があるという前向きなイメージの存在も人口流出を加速した。たとえば、近年のアフリカの国々では、就業の機会や十分な居住地が整備されていないのにもかかわらず、「何か良い機会があるかもしれない」という希望を抱いた人々がとにかく農村から流出する「経済成長なき都市化」が進行している（Jedwab and Vollrath 2015）。都市は、過去も現在も「あこがれ」の場所として、人々を惹きつけ拡大してきたのである。

ところが、こうした人口の都市集中を抑制し、かつ経済成長の恩恵を犠牲にしなかった不思議な国がある。南アジアに位置する国、スリランカだ。スリランカは、全人口の8割を農村に維持しながら経済成長を遂げている。１９４８年にイギリス領から独立して以降、農村に特に注力した開発政策を実施してきた。また、日本とは対照的に、農村は「繁栄をもたらす場」という歴史背景を踏まえた明るいイメージが人々の間に浸透している。農村に多くの人口を保つスリランカは、２０１９年に上位中所得国の仲間入りを果たした。都市部に人口を流出させることなく中所得国の一員になった国は世界でも珍しい[*1]。

本章では、スリランカの開発経験を事例にして、その国に住む人々がもつ都市・農村に対する「イメージ」に注目し、それが発展経路の方向付けに与える影響を考えてみたい。世界のほとんどの国が都市化による経済成長を遂げた中で、何がスリランカを「他と違った」の発展に方向付けたのだろうか。

2　スリランカ――農村に重点をおいた開発政策

■インド洋の真珠、スリランカ

　スリランカは南アジア地域のインド洋に浮かぶ島国だ。1972年まではセイロンとして知られていた。人口は2160万人（Central Bank of Sri Lanka 2020）で、面積は北海道より一回りほど小さい。同国は1948年に独立するまでに、16世紀初頭から三世紀半に及んでポルトガル、オランダ、イギリスの植民地下にあった。1815年から全島を統治したイギリスは、スリランカに紅茶プランテーションを導入した。それ以前はコーヒー産業が栄えたが、樹木の疫病が全国に流行してコーヒーが壊滅すると、主要な産業は紅茶産業に切り替わった。セイロンティーは現在も世界中で親しまれていて、国内生産量の98%を輸出し、世界シェア4位を誇っている（Sri Lanka Tea Board 2015）。決して大きくはない島国は八つの世界遺産を持ち、一年を通して気温の高い沿岸部と、平均気温が16度程度の山間地に、複数の民族と宗教が混在し、文化も慣習も多様な人々が暮らしている。2009年に終結した政府軍とタミル解

＊1　世界銀行は一人当たりGNI（国民総所得）に基づいて世界の国々を四つに分類している。「低所得国」は一人当たりGNIが1025ドル以下、「下位中所得国」は1026から3995ドル、「上位中所得国」は3996から1万2235ドル、「高所得国」は1万2236ドル以上と定義している（World Bank 2020）。

放の虎（Liberation Tigers of Tamil Earam：ＬＴＴＥ）による26年間続いた内戦は、10万人以上が亡くなり、28万人の国内避難民を発生させた。

スリランカは、長い植民地期を終えて１９４８年にイギリスから独立すると、貧困削減、高い平均寿命と識字率の向上、乳幼児死亡率の低下を達成するなど、都市・農村間の格差是正に取り組んできた。１９８０年代になると、こうした成果に対して世界銀行や、のちにノーベル経済学賞を受賞するアマルティア・センらが中心になって「スリランカ・モデル」と高く評価した（World Bank 1975, Sen 1981）。今日のスリランカの教育・医療・福祉制度の基盤は、イギリスが統治していた時期につくられたが、識字率の高さは伝統的な基盤も影響している。スリランカでは紀元前3世紀頃からシンハラ王朝が栄え、当時から識字教育が進んでいた。独立時点ですでに70%を達成していた識字率[*2]は、植民地期や独立以降の開発政策の効果というよりも、スリランカが長い歴史の中でその基礎を築いてきたことによるものである。

１９８３年以降は内戦が本格化し、スリランカの開発や経済成長を評価する声は下火になるが、内戦中も緩やかな経済成長を維持した。２００９年に紛争が終結すると政府はすぐさま各地の復興に取り組んだ。２００４年に発生したインド洋大津波も影響して激減していた観光客の呼び戻しに成功したことで、観光・サービス産業が急成長し、２０１９年に上位中所得国の仲間入りを果たした（図３-２）。

通常、こうした右肩上がりの経済成長には農村部から都市部への大規模な人口移動が伴う。しかし、図３-３に示すように、スリランカでは統計資料が存在する過去２００年の間、都市と農村の人口比率に大きな変化がみられない。

スリランカの都市人口はほぼ横ばいの18％程度で、農村人口も80％程度を維持してきた。都市と農村の定義は、各国で異なり世界共通のものは存在しない。そのため、都市化を厳密に国際比較することは難しく、長い間、どのような基準が望ましいか研究者たちが頭を悩ませてきた。世界銀行や国連なども、それぞれの国が定める「都市」「農村」の定義に依存せざるをえないのが現状だ。

スリランカの都市と農村の定義は、選挙区画に基づいていて、行政区画とも異なる。[*3] スリランカで統計調査が始まってから今日まで、都市・農村の人口構成のパターンが、これほどに変化をみせないのは、世界でも稀である。[*4]

■農村ファースト――スリランカの開発政策

1948年にイギリスから独立したスリランカは、国家の開発計画の中心に人口の8割が居住する農

＊2　たとえば、同時期（1951年）の南アジア諸国の識字率は、インド18％、パキスタン17％、ネパール5％などである。

＊3　こうした政治／選挙区画に基づいて都市を定義する国はスリランカだけではない。各国がいかに多様な基準を用いて都市を定義しているかについては、国連がまとめているWorld Urbanization Prospectを参考にしてほしい。なお、スリランカでは、統計が示す都市化率に対する議論が2016年以降に展開し始めた。

図3-2　スリランカの経済成長（1人当たりGNI）

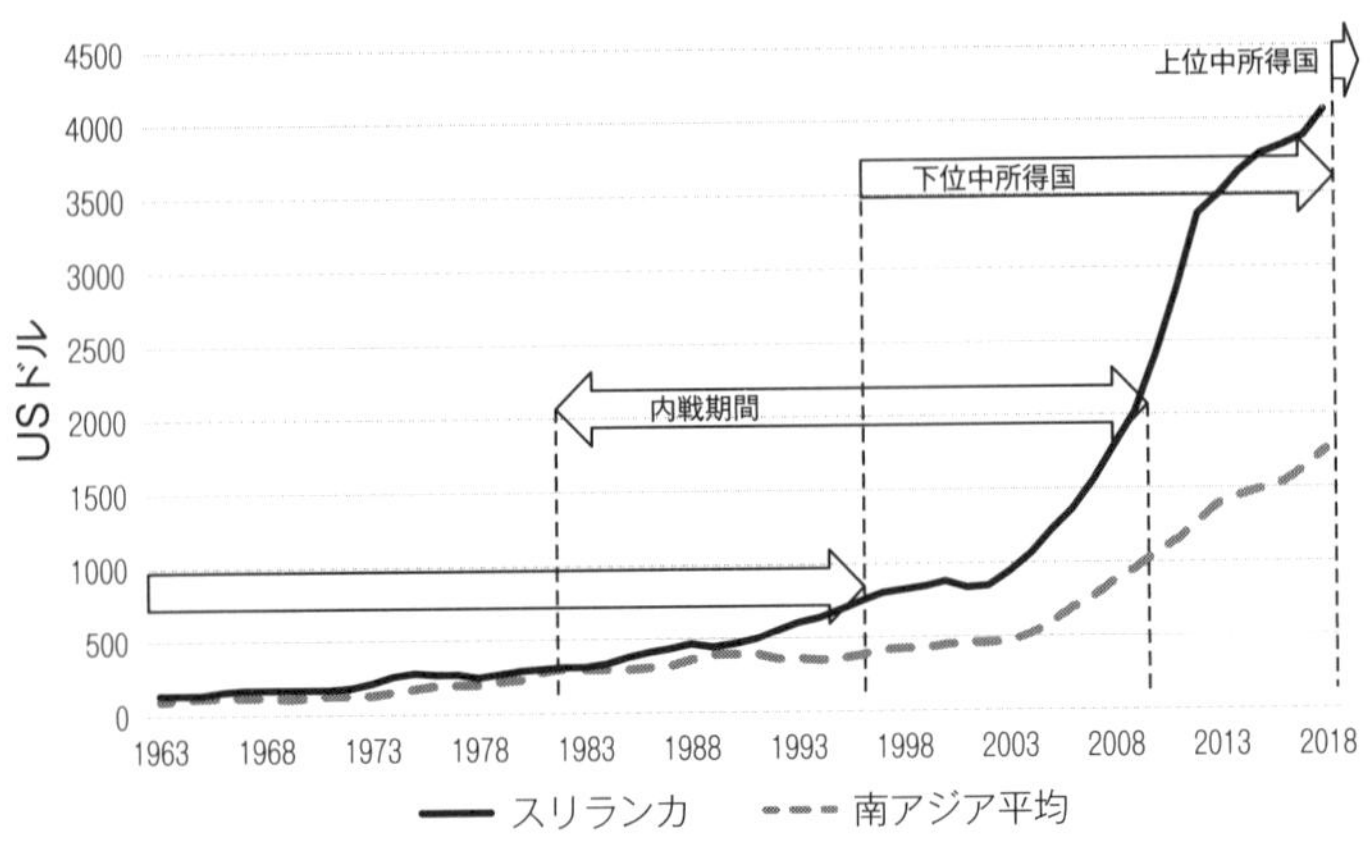

出所：World Bank Data（Various Years）をもとに筆者作成

図3-3　スリランカの都市・農村人口の推移

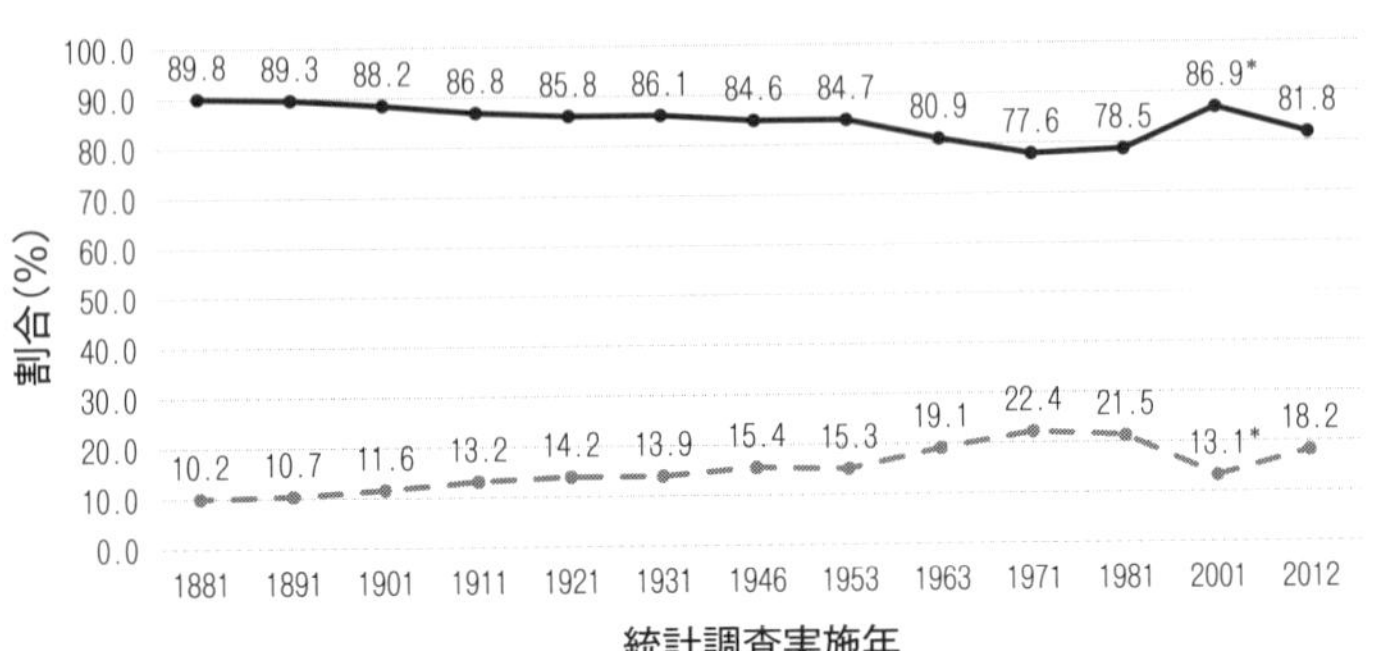

出所：Department of Census and Statistics（2018）をもとに筆者作成
＊2001年の統計調査は紛争の影響で全国にある25の行政区のうち、北・東部の7区は実施されなかった。そのためこの年の比率は注意が必要である。

村を第一に据えて、農村の発展こそが国に繁栄をもたらす、と国民にアピールしてきた。西欧諸国が取り組んできた工業化による開発ではなく、スリランカ独自の開発理念に基づいてきた。西欧を目指すのではなく、かつてシンハラ王朝期に米作によって農村が繁栄した時代を発展の目標においた。また、イギリスが遷都し経済活動が集中していた当時の首都コロンボを「コロニアリズムの象徴」として敵視し、政治機能や開発の中心を郊外に広げていくことを重視した（Jazeel 2017）。政府は1985年に、かつてシンハラ王朝の首都だったスリ・ジャヤワルダナプラ・コーッテに首都を移転した。同時に国会議事堂や官庁も移転している。

独立後の開発政策の財源は、プランテーション輸出産業からの利益であった。プランテーション農園では、スリランカにいた人々ではなく、南インドからこのために移住してきたタミル人が労働者として働いた。植民地期においてもプランテーションは、政府の主要な財源だったため、イギリスは米作中心のシンハラ農民よりも、農園労働者を保護してきた。気候や時期によって収益が変動しやすい米作農民と比較して、タミル人労働者は低額であっても安定した収入を得ていた。そのため当時のシンハラ農民の貧困指数は最も高く、次いで、都市、プランテーション、という順であった（絵所 1999）。

＊4　その定義や範囲の変更はこれまでに数回ほど行われてきたが、都市・農村間の人口規模とその推移のパターンは統計から充分に知ることができる。

この時期、イギリスはプランテーション経営の拡大のために農民の土地の囲い込みを行った。新しく導入された法律はプランテーション経営者たちに有利なものばかりで、農民たちは土地なしになったり、重税に苦しんだ。プランテーションの収益はほとんどが本国イギリスに送金され、茶農園のインフラ整備に使われることはあっても、シンハラ農民が便益を受けることは稀だった。プランテーションの拡大は、農民には歓迎も還元もされなかった。

そのためスリランカ政府は、植民地期に疎外され、貧困層の多かったシンハラ農民への配慮と農業の再興を目指し、農村開発の強化を優先課題にしたのである。１９７０年代に国有化されるまで、プランテーション農園のオーナーのほとんどがイギリス人だったことからも、政府はためらうことなく高税率を課して開発政策の財源にした。

政府がまず強化したのが、社会福祉の充実だ。教育、医療を完全無償化し、学校や病院を各地に配置した。都市部の総合病院と農村部の分院では質や機能の差はあるが、長い距離を移動することなく基礎的な医療を無料で受診できる設備を整えた。教育においては、初等教育から大学までの一切が無償なだけでなく、５年生時に全国一斉で行われる試験の成績上位者は、規模の大きな進学校に転校できて奨学金も給付される。制服や教科書も一律、無償である。

この他に、１９７０年代まで行われていた米や砂糖などの基礎食糧品目の配給、今日まで継続している貧困世帯へのフードスタンプ（食糧品と交換可能なチケット）や起業支援など多岐にわたって社会福祉の充実をはかってきた。国際社会は、国家予算の３割を福祉政策に充ててきたスリランカを「行き過ぎた福祉国家」として痛烈に批判をしてきた。しかし、政府にとって福祉の充実は選挙時の得票に直結するため、政権が交代しても一貫して続けられ都度拡大してきた。スリランカは他国のように経済政策への投資ではなく、社会福祉に注力してきた。これは人々の生活基盤を整え、経済成長を促進する土台づくりにもなった（Osmani 1994）。

福祉の充実と並行して政府が行ったのは、インフラの整備だ。食料や日用品を購入できる小規模な生鮮市場、銀行、郵便局など日常生活に必要なインフラを全国各地に整備し、農村に住む人々が都市部と比較して「取り残されている」と感じないようにした。決して上質ではなくとも、日常生活に不自由ない機能を農村にも保障してきたのである。

交通政策の中でも、バス交通の発展は特異だ。それまでは民間による経営のみで特定の路線に運行が偏っていたバスを、１９５８年に国営化した。政府はバスを「公共の利益のための運行であるべき」として、徹底して低運賃を維持した。農村地域の乗客が少ない非経済的な路線でも運行されるように統制し、道路の整備、路線数の拡充のために補助金を投入した。１９７８年に再度、民間部門が参入すると、運行数は飛躍的に伸びて、またエアコン付きのバスや長距離バスのサービス拡充も行われた。

近年では、早朝および夜間バスの安定的な運行の維持を目的にした事業、農村遠隔地の条件の悪い路線でも損失なく運行を維持するための補助金や、渋滞を回避し安全に子どもたちが学校へ通えるためのスクールバスの運行など、複数の補助金事業を実施している。安価に抑えられた運賃と運行路線の充実は、たとえ移動距離が長くても、人々が農村に住みながら都市部への日常的な移動を容易にしてきた。

自家用車の登録数は年々増加しつつあるが、バスは依然として最も主要な移動手段であり、スリランカの一人当たりのバス利用率は世界一を記録している（Kumarage 2009）。ここで紹介したものはスリランカ政府が独立以降に実施した数多くの政策の一部でしかないが、これらは人々が農村での生活を維持できるための必要十分な環境を提供してきた。

さて、ここでもう一度、日本の経験を思い出してほしい。日本でも、政府は農村と都市部の格差是正を目指して、農村の機能整備や都市・農村間の交通路の充実を積極的にはかってきた。多くの政治家にとって、農村は得票数を守るためにも重要な場所だった。自民党一党が長期政権を維持するという事態は世界でも稀で、農村に強く癒着した政治体制は「農村偏向主義」といわれてきた（菅原 ２００４）。政治家は農村部の開発と引き替えに支持基盤を固めてきたが、農村は人々にとって住み続けたい場所であっただろうか。

２つの国はそれぞれ農村開発に力を入れてきた。日本は都市化、スリランカは農村に多くの人口が残る、というまったく異なる発展経路をとったのはなぜだろうか。こうした分かれ道には、政策だけではない「何か」が働いているのではないだろうか。筆者は人々が都市と農村をどう捉えているか、「イメージ」に関係していると考えている。

3　遠ざけられる農村、選ばれる農村

スリランカと日本の農村における機能や設備、インフラの利便性など物質的な側面を比較すると、その質がより高いのは日本である。それでも、長い歴史の中で日本では多くの人々が農村を離れ都市への移住を選択してきたのはなぜだろうか。同じようにスリランカの人々はなぜ都市へ移住することなく、農村を選択してきたのだろうか。

■都市の引力——日本

都市化が進みつつあった1960年代以降の日本政府は、都市と地方との格差是正に重点的に取り組んだ。全国の自治体に補助金を配布したり、新幹線や高速道路の開発および整備によって都市部と地方が行き来しやすくなるような環境づくりを行った。たとえば「日本列島改造論」を唱えた当時の田中角栄首相は、都市部に集中した資本を地方に分散させるために、交通網の充実をはかった。商品の流通と人の移動を容易にし、双方の経済効果を期待したのである。しかし、こうした努力はかえってストロー効果[*5]を生み、政府の予測に反して、都市・農村間の移動よりも都市への移住を増強した。

日本の農村部や地方は、道路、病院、学校などの基本的なインフラは整備されているし、生活水準も都市部と比較して、大きな差異はない。たとえば、過疎地域と非過疎地域の納税義務者の一人当たり総所得金額は、都市部の方が1.3倍程度高いが、格差が大きいとは決していえない（総務省 2019）。地方

は生活に不可欠な機能を持ち合わせて発展してきたにもかかわらず、都市集中（特に東京一極集中）に歯止めが効かないのだとしたら、その説明には「他の」理由が必要だ。

日本では、都市は「近代的」で「選択肢に溢れた」場所として前向きなイメージが、農村は「遅れた」「前近代的」な負のイメージが定着してきた。たとえば、1968年から30年の間に使われた小学校の社会科教科書では、農村・農業は「貧しさとのその改善の必要性」が強調されていた[*6]（北口・広田 1999）。また、1970年以降に発表された農業・農村を扱った漫画では、都市は近代を象徴していたのに対して、80年代までの農村は「社会問題」であり「かっこ悪い」存在として偏見を含めたネガティブな側面から表現されていた（一宮 2008）。こうした農村に対する負のイメージは、戦前から社会的な通念として誇張されてきた（福武 1978）。高度経済成長期を迎えて離農が進み非農業就業者が増加しても、農村に住む人々はみな百姓で貧しい、というイメージは消えずそうしたイメージを払拭するには多くの時間を要した。

もっとも、近代的だとして描かれてきた経済成長期の都市での生活も、楽だったわけではない。集団就職による労働は過酷で、必ずしも快適な環境ではなかった。そうした実態にもかかわらず、都市はあこがれの場として想像され、人々は引き寄せられた。きらびやかな都市は、実態と乖離していても、期待と想像によって創られていった。人々は想像し、イメージに引っ張られ、都市へ向かった。当時の農村が都市よりも条件の良い就業の機会に恵まれていたとも言い難い。しかし、代々続く地域の共同作業や閉鎖的な近所付き合いや、そこから外れたときの村八分などは過去の産物ではないし、様々な理由で農村を離れざるをえなかった人もいただろう。そうした農村からすると都市は希望に満ちた場所として、良いイメージが強化され、人々が向かう先になっていったのである。多くの人が集まれば集まるほど、都市は拡大し発展を続けた。

都市部への人口流入は同時に農村の過疎化を加速する。日本政府は長い間、都市部の人口増加と農村部の過疎対策のため、様々な対策をとってきた。地域振興やまちづくりを目的にして全国の市区町村に一律一億円を配布した竹下内閣の「ふるさと創生事業（１９８９年）」、地域内での消費を活性化させるための小渕内閣による「地方振興券（１９９９年）」の配布、第一次安倍内閣による魅力ある地方をつくるために努力する地方自治体への地方交付税を交付した「頑張る地方応援プログラム（２００７年）」、菅（かん）内閣の「地域自主戦略交付金（２０１１年）」などが挙げられる。名前を変えて次々に実施された交付金の配布は、地域の経済振興に貢献することもなく「バラマキ政策」としての評価だけが残った。

「地方創生」をスローガンにした第二次安倍内閣は、２０１４年からまち・ひと・しごとの三つに総合

＊５　ストロー効果とは、「高速交通機関の整備により集積の大きな都市に小さな都市の都市機能が吸収される効果」や「高速交通機関の整備によるその経路上の中間地域の空洞化現象」である（山本１９９５）。

＊６　１９９８年時点では「農村の過疎化」「農村活性化」「山村の暮らしと様子」が最も取り上げられていた話題である。

的に焦点を当てた計画をたてた。農村部の自然や観光地の魅力を前面に出して住宅や仕事を報奨金とともに提供し、都市部からの移住者を呼び込む戦略だ。しかし、魅力的な条件を揃えたかに見える移住の提案だけでは、農村への人口移動を活発にするのは困難だった。[*7] 地方自治体は国からの補助金を執行するために奔走するが、受け入れ先である各地域は新規就農者を支援する制度を整えても人員はいない。過疎と高齢化の中で農家は、自身の農業を維持するので精一杯だ。[*8]

人口の増加によって発展し魅力を増す都市は、農村を遅れた場所というイメージに仕立て上げた。こうした過程で、農村の機能やインフラが衰退したわけではない。格差を拡大させないための努力は続けられ、機能の面では都市と比較しても劣らないだけの整備はされてきた。しかし、農村のイメージは都市との相対評価によって決して好転することがない。都市が拡大すればするほど、農村の負のイメージは膨らんだ。政府による「過疎地」の認定は、そのイメージをさらに強化したのである。

■農村の引力——スリランカ

スリランカでは、独立時の政府が先進の西欧諸国ではなく、自らの「過去の栄光」を発展のモデルにした。植民地支配をうける前のシンハラ王朝下（紀元前0世紀〜16世紀）では著しく発達したかん漑施設をもち、水耕農業によって自給自足が可能な豊かな社会を維持していた。シンハラ仏教のおしえと自然との調和を保った農業による発展は、現代も人々が共有する豊かさのイメージだ。歴史的・伝統的に「水田・寺院・ため池」は農村の豊かさを象徴する光景だ（Hennayake 2006）。この三つがセットになった農村イメージは、政府だけでなくテレビや新聞、学校の教科書も繰り返し使用してきた。特に学校の教科書では、過去の農村の繁栄は将来の発展モデルとしても語られてきたし、文学作品や詩、歌謡曲でも農村は人々が親しみをもつテーマとして、政治的なメッセージを超えて浸透している。

「豊かさの象徴としての農村」のイメージは、今日も変わらず健在である。スリランカの若手人気ミュージシャンが新曲の発表とともに作成するプロモーションビデオ（PV）には、コロンボ[*9]などの都市部ではなく、水田が広がる農村風景を背景にしていることが多い。*Bathiya & Santhush* というグループのPVでは、水田を舞台に、農村の子どもたちがスリランカの伝統舞踊を楽しむ光景が使われているし、2019年から人気が高騰するグループ *Api Machan* は、寺院や、ため池が広がる農村の中で歌っている。テレビドラマも同様だ。都市部のオフィスを舞台にしたドラマもあるが、農村の家庭を舞台にしたもの

＊7　農山漁村に関する世論調査では、農山村漁村に定住したいかという問いに対して、ある、どちらかといえばある、と答えたのは全体の31・6％で、ない、どちらかといえばない、と答えたのは65・2％だった（内閣府 2014）。

＊8　筆者が実施した農村の景観保全と農作業支援を目的にした棚田オーナー制度の実態調査によると、自治体の支援は事業開始時に限られ、以降は高齢農家に任せきりという事例が多くみられた。農村支援は、都市部からの訪問者をもてなすことが中心になり、かえって農村住民の負担を増やしていたのである。詳しくは麻田（2012）を参照されたい。

＊9　スリランカの商業首都。首都はスリ・ジャヤワルダナプラ・コーッテ。

写真3-1　映画 Hogana Pokuna

映画の公告の背景は「ため池」だ。
出所：Next Frame Studio 提供　[nextframestudio.info]

も多い。都市部のスリランカ人家庭でこうしたドラマを一緒に見ていると、農村風景が映し出されるたびに彼らは決まって「*amey…lassanyi…*（なんて美しいんだ！）」とうっとり感激する。

近年発展が進む映画界も類似している。これまで圧倒的な人気を誇ってきたのはインド映画だが、スリランカ人の監督作品が増えてきた。なかでも立て続けに話題を集めているのは、農村を舞台にした作品だ。2015年に公開された *Hōgana Pokuna*（英語のタイトルは The Singing Pond：歌うため池）は、自然豊かな農村の貧しい小学校に赴任した新任教師が、村の人々の協力を得ながら海を見たことがない子どもたちを海に連れ出すというストーリーだ（写真3-1）。本作品は国外でも話題となり、四つの国際映画賞を受賞している。また、2018年に人気を獲得した映画 *Goal* も、農村の小学校に初めてサッカーを持ち込んだスパルタ教師と子どもたちの話で、長い期間、各地で上映が続いた。

これらは農村を実態とかけ離れて誇張したり、美化しているわけではない。農村は都市部に住む人々にとっても身近で、どこか憧れの場所として、しかし、特別な存在でも、遠く想像のつかない場所でもなく、親しみのある場所である。

■農村ファーストの人々

農村に住む人々は農村にどのような「イメージ」をもっているのだろうか、もう少しミクロに見てみたい。スリランカが独立以降に取り組んできた開発政策は今日の農村にどのように表れているだろうか。筆者がコロンボから約１５０㎞離れたヤタワッタ（*Yatawatta*）で行った約4か月間のフィールドワークの内容を紹介したい。スリランカは九つの州に分かれているが、ヤタワッタは、中央州（*Central Province*）のマータレー（*Matale*）という県の中にある地域だ（図3-4）。

ヤタワッタへはコロンボからバスを乗り継いでおよそ5時間かかる。電車で行くことも可能だが、途中からバスへの乗り換えが必要で、かかる時間は同じだ。山間地のちょうど頂上部分に位置する地域で、人口約3万４０００人、うちシンハラ仏教徒が8割、１割がタミル（ヒンドゥー）、残り1割弱のムスリムが住む。

ヤタワッタを管轄する行政組織（*Yatawatta* Divisional Secretariat：ＤＳ）に１９９０年以降保存されている統計資料によると、人口は毎年増加傾向だ。このＤＳの傘下には細分化された各地区を管轄する行政官が配属されている。この行政官たちはそれぞれ、複数の村を合わせたさらに小規模な区画（*Grama*

図3-4　スリランカ全図と調査地

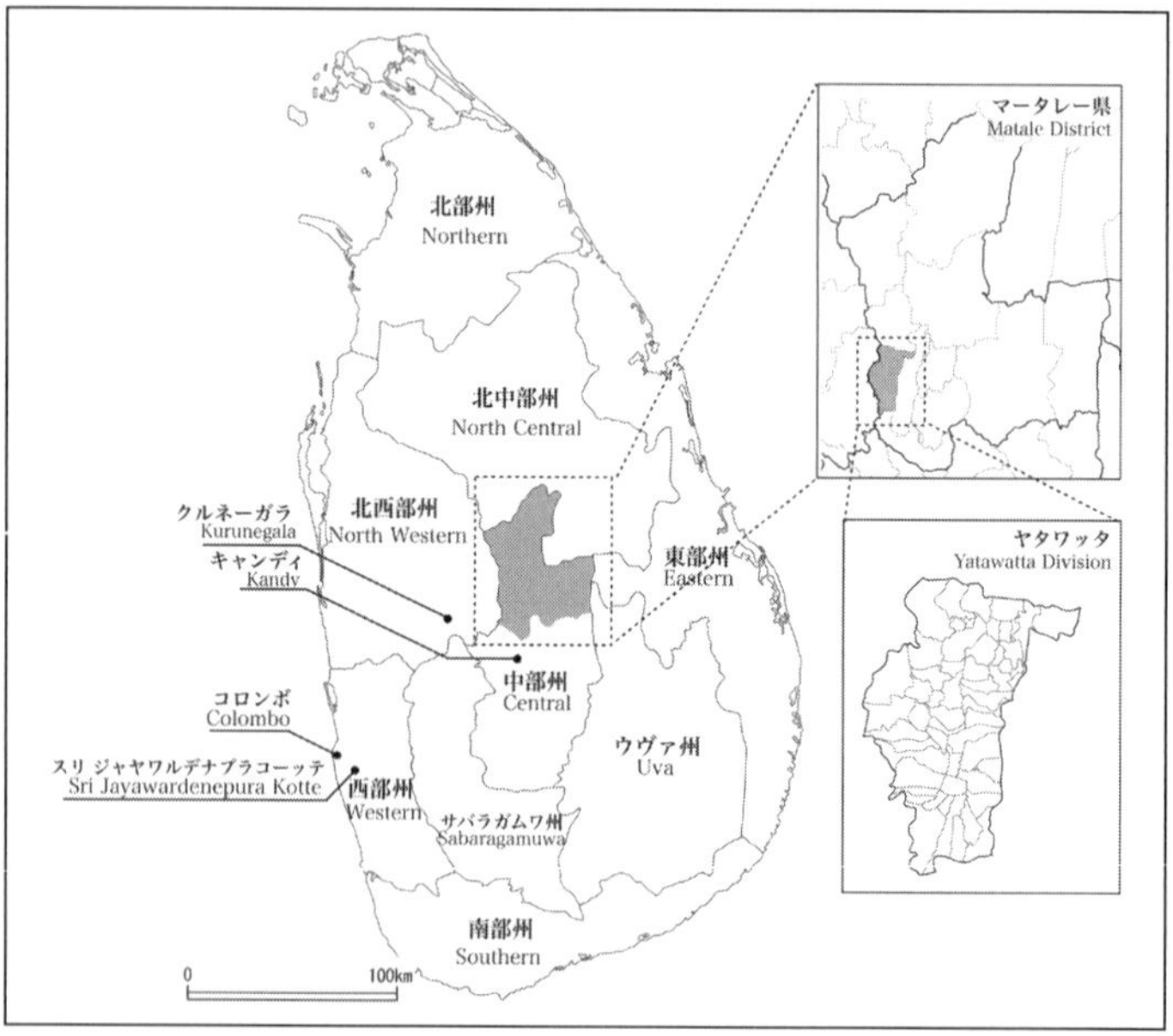

Nihadhari Division：GN）を管理し、各世帯の詳細な情報収集や行政文書への署名、また、死亡者が出たら遺体の確認をするなどあらゆることを行う。ヤタワッタは53のGN区画で構成されている。元来、GN行政官は世襲制で地域の名誉職だったが近年の省庁改革によって要資格の公務員扱いになった。彼らによると、少なくとも過去10～20年の間に各GNから都市部への移住者はほとんど見られず、むしろ移入数の方が多いという。

ヤタワッタの中心部には、日常生活に必要なインフラや施設がほぼそろっている。これらの主要な施設を挙げると（カッコ内は件数）、警察署

（2）、公立病院（2）、学校（14）、郵便局（2）、郵便局分室（7）、銀行（2）、八百屋（3）、魚屋（1）、肉屋（1）、パン屋（2）、小規模のスーパーマーケット（2）、ガソリンスタンド（2）、文房具屋（2）、インターネットカフェ兼コピー屋（1）などである。これ以外に、村の住宅地内には *kade* と呼ばれる日用品をとりそろえる小売店が点在する。近隣の二つの中規模都市まではそれぞれ1時間程度で行くことができる路線バスと、村同士を結ぶ小型バスが複数運行している。

この地域は山間部に位置するために日中も涼しく土壌にも恵まれていて、天水による農業が発達してきた。米作と野菜の二毛作が主流だ。専業農家はほとんど存在せず、農業に携わる世帯は、日雇いの仕事や季節労働などを兼ねて生計をたてている。伝統的な水田耕作で、機械化は進んでいない。水牛か人力が主流だ（写真3-2）。地域の中で水牛を保有している家は少ないため、繁忙期は牛のオーナーも牛も大忙しだ。この他にも仕事の種類は多様で、教員を含む公務員やアパレル製品の家内工業[*10]、鉛の発掘作業、高利貸し、塾の経営から製菓づくりなどの自営業者も多い。

筆者はGN行政官の支援を受けて50の世帯調査[*11]を実施し、次のことを明らかにした。世帯構成は核家族よりも二世代以上による同居が多く、子どもがいる世帯のうち8割は地域内の学校に徒歩または乗合

＊10　アパレル工場に通うことなく、会社からミシンが家庭に配給され、製品の一部の裁縫を担う。月に一度程度工場へ持っていく。工場は、各地から集まるパーツをつなげる場所だ。

写真3-2　ヤタワッタの農業

2頭の水牛を駆使して田おこしを行う。
出所：筆者撮影（2018年9月）。

のバンで通学している。残り2割は1時間から3時間ほどかけて都市部の学校に通う。また、9割以上の世帯が2週間から1か月に一度、1時間ほどの距離にある最も近い市街地に長期保存が可能で消費量の多いコメ、干し魚、砂糖などの買い物に出かけている。大手民間のスーパーよりも安い国営のコープでの購入も主流だ。この移動にはバスや三輪タクシー、まれに自家用車などを利用している。こうした比較的大きな買い物以外は近隣の市場や*kade*でたいていのものが揃うので不便はない（写真3-3）。

50世帯のうち5世帯は、家族内の誰かがコロンボ等で勤務している。平日はコロンボ周辺の友人や親戚宅に間借りをして、毎週金曜日の夜から月曜日の早朝までは必ずヤタワッタの自宅で過ごす。また、48世帯が都市部

写真3-3 ヤタワッタの村の中にあるkade

kadeには、簡単な生鮮食品から清掃具までなんでも揃う。天井から吊るされているのはシャンプー類、左奥は米、奥の棚には麺類や調味料、紅茶、また手前に右のガラスケースにはパンも並ぶ。
出所：筆者撮影（2018年10月）。

（キャンディやコロンボ）ではなく、将来もいまいる場所に住み続けたいと回答した。その理由には、ヤタワッタには日常生活を送るための必要十分な設備が整っており、豊かな自然環境、それに付随する無料の水（都市部では水道設備が整備されているため料金が発生する）、自宅の庭または近隣の森で採取できる果物、コミュニティで見守り合う安全な環境、に高い満足度を得ていることが挙げられた。対照的に都市部に対しては「危険である」「ドラッグが蔓延している」「空気および街中が汚い」「自然空間が少ない」「近隣の人とのコミュニケーションがない」「すべての行為に現金が必要である」など、負のイメージが多く挙がった。これらは、都市部に住みたいと回答した2世帯からも聞かれた。彼らが都市部に求めていたのは、好条件の仕事のみだった。

農村部に対する好意的なイメージは、農村に住む人からのみ聞かれるわけではない。詳細な調査は進行中だが、都市部の中央省庁の公務員や一般市民に行った聞き取りからは、農村に対する好意的なイメージが語られた。たとえば、財務省に勤務する50代の男性は、毎日2時間半かけて出身の村から通勤している。コロンボ市内には政府職員向けの住宅が安価で用意されているが、両親がいる村に住み、毎日往復5時間以上をバスの中で過ごし通勤する人は多い。

このように、就業のために都市部に「移住ではなく移動」し、農村に住み続ける選択を可能にしているのは、政府が取り組んできた交通政策の効果が大きく働いている。生活に必要十分な環境が整い、都市よりも生活費が安いことも、人々が定住地に農村を選択する理由になっている。

農村での生活は、消極的ではなく、積極的な理由によって選ばれている。これはひとえに、物質的な環境整備が行き届いているからだけではない。家族が代々住んできた農村は、都市部と比較して「遅れている」とか「劣っている」というイメージではなく、誇りをもてる場所として、選択されてきた。もちろん、娯楽施設や飲食店などの選択肢の幅は、都市部（コロンボ）に多い。それでもスリランカの農村は、都市部の経済的・物質的な豊かさを超えて、人々が喜んで留まる場所なのである。

4　発展を方向付けるイメージ

「喜んで農村に住み続ける人たちがいるなら、ぜひ見てみたい」。これは、東南アジアの農村社会におけるポリティカルエコノミーを研究するイェール大学のジェームズ・スコット氏に言われた言葉だ。かつての東南アジアの山々の民は、国家の支配から逃れるために戦略的に山を選んできた（スコット 2013）。時代背景は異なるものの、筆者のスリランカの話に、彼は驚きとともに多少の皮肉を込めたのだろう。そんなことがありえるのか、と。

スリランカの農村は、人々に憧れられていたり、理想化されていたり、一般化されていたりする。日本の都市も同様だ。こうしたイメージは、その言葉自体が本来もつ意味を超えて、人々の居住地の選択に現実的な効果と影響を与えてきた。イメージは宗教・文化的な背景だけに依らず、文学、メディア、国家、家族、友人、組織を通して共有され、伝統的な信条も混ざりあって、特定の行為を導いたり制約

＊11　基本的には筆者がホームステイ先の家族に同行してもらい、作成した質問票をもとに50の世帯にインタビューを行った。質問票には、世帯の構成員や職業、出身地などの基礎情報から、子どもがいる場合は通っている学校の場所、その交通手段、また、日用品の買い物を行う場所や頻度、近隣環境の利便性、都市部へ行く頻度、将来住みたい場所、など約70の項目を盛り込んだ。

したり、それらの原因として働くような方向付けにもなる[*12]（Shields 1991, Sayer 1985）。スリランカでは、農村は豊かさのイメージを超えて、人々が居住地として選択する力に作用している。

日本での都市のイメージは、人々の選択を都市に方向付ける力として働いてきた。一方の農村に対する負のイメージは、人々が農村から離れていく、という方向に働いた。農村に長く住む人たちが自ら描く農村は、愛着に満ちていながらも、劣等感ももち合わせている。自分たちが浸っている社会的・物理的な環境を、都市と比較して悲観的に捉えがちだ。筆者がフィールドワークを続ける長野県の過疎農村では、先祖から受け継ぎ守ってきた土地と農業に誇りをもつ人々の多くが「俺たちはどうせ田舎もんだ」とか「都会のもんにはわからない」と、自己批判的に複雑に表現する。彼らは、都市との関係において自分たちの地域の意味付けを行っているのだ。

スリランカと日本は、まったく異なる発展の道をたどってきた。経済的な指標で測れば、日本は世界第三位の経済大国である。スリランカは、いまだ開発途上国であると国際社会はみなす。はたして、どちらの発展の方向性がより望ましい、と私たちは考えるだろうか。日本を手本にしてきたアジアの国々は多い。しかし、高度経済成長のピーク時から約50年が経過したいま、都市を中心にしてきた成長路線は様々なところでひずみを生んでいる。経済的に豊かになることに必死だった日本は、予想をはるかに超えた都市化を経験することとなった。溢れすぎた都市人口を農村へ戻すのに必死な政府のかたわらで、農村の耕作放棄地や誰も手を加えなくなった天然資源は今後どうなっていくのだろうか。

スリランカの社会福祉への投資や、その下支えをしてきたプランテーション労働者の搾取に対する国際社会からの批判は多い。社会福祉に支出した多額の財源を新たな産業の誘致や工業化のために使っていたら、今日のマレーシアを抜く経済力を持っていたはずだ、という指摘もある（Osmani 1994）。しかし、スリランカ政府はあえてそうした選択肢をとらなかったのだ。人口の8割が居住する農村の発展を第一に考え、開発政策を実施してきた。農村に「遅れた場所」というイメージが付着しないよう、農村を讃えた。これは、人々の日常生活の中に意識として埋め込まれ、喜んで農村に留まる、という現実的な選択と効果を生み出してきた。

従来、都市化は経済成長の成功の証であった。都市は成長を生み出す源泉として開発の主導者たちの働きかけの対象になってきた。農村は開発の対象であっても、国家の発展という規模では主役に選ばれることはなかったし、都市の便益のために物質の供給源として利用されてきた。こうした都市を中心にした一方向的な発展は、「それ以外」の発展の可能性を排除し、都市と農村を空間的にも社会的にも分断してきた。しかしスリランカでは、農村は社会的・物理的に豊かな場所として人々の間に浸透し、都市への人口流出を抑制する働きに転換してきたのである。日本の場合は、豊かな都市のイメージが都市化を促進する働きになった。こうした力は、二つの国の発展の方向を別々の道に導いた。

人の移動を促進させるのは、経済的な機会の増大を求めるインセンティブに基づくと考えられてきた。

＊12　これはセルジュ・モスコヴィッシが提唱した「社会的表象」に近い（Moscovicci 1984, 1994）。

しかし、人々が都市や農村に対してもつイメージも、人を動かしたりその場に留めたりするのに重要な役割を果たしてきたのである。国際協力や開発を計画したり実施する側の人々は、政策や事業とその手法、そして、そこにどれだけの資金を投入すると彼らの思い描く発展の方向に導くことができるかに奔走してきた。そこでは、開発される現場に生きる人々が、日常生活をおくるその場をどう捉えているかに注目してこなかった。現場に生きる人々にとっての「望ましい発展」には多様な方向がありうることを、国際協力の実践者は軽視してきたのではないだろうか。

こうした姿勢は意図せざるところで、農村そのものの発展や維持よりも都市の拡大に貢献してきたかもしれない。しかし、スリランカの事例が教えてくれるのは、従来疑われることのなかった都市を中心にした発展「以外」の方向を導く可能性であり、農村を持続的に維持しながら成長するという別の道を想像させてくれるのである。

２０２０年に世界中に拡散した新型コロナウイルスは、都市の密集性が国家を危機に陥らせる可能性を明るみにし、同時に、農村や郊外の価値を見直す機会を提供した。都市の問題解決に農村が切り離せないことが明らかとなったことで、従来の都市・農村の定義も揺らぎ始めた。農村のインフラの充実や貧困削減など物質的な豊かさだけではなく、農村のイメージを豊かなものにすることは、人々の選択を農村に方向付けるかもしれない。都市部が極端に豊かになりすぎる発展は、持続性がないことに私たちは十分に気がついている。にもかかわらず、ＳＤＧｓ（持続可能な開発目標）は都市の持続性をいかにして実現するかに集中していて、そこに農村の姿は見えない。豊かな都市部だけではなく、豊かな農村イメージは、私たちが思い込んできた経済成長と都市化という因果関係に「それ以外」の選択肢の可能性を呼びこんでくれるのである。

参考文献

●日本語

麻田玲（2012）「過疎に挑む資源——棚田オーナー制度が持続するメカニズム」東京大学公共政策大学院研究論文

一宮真佐子（2008）「ポピュラーカルチャーにおける農業・農村表象とその変化——現代マンガを対象として」村落社会研究、第15巻第1号、13-24頁。

ヴォーゲル、エズラ・F著、広中和歌子・木本彰子訳（1979）『ジャパン・アズ・ナンバーワン——アメリカのへの教訓』東京TBSブリタニカ。

過疎地域自立促進特別措置法（2017）
https://elaws.egov.go.jp/search/elawsSearch/elaws_search/lsg0500/detail?lawId =412AC0000000015

北口まゆ子・広田純一（1999）「教科書に見る農業・農村の位置付けの変化——小学校社会科を対象に、30年前と現在」農村計画論文集1

菅原琢（2004）「本政治における農村バイアス」『日本政治研究』第1巻第1号、53-86頁。

スコット、ジェームズ著、佐藤仁監訳（2013）『ゾミア——脱国家の世界史』みすず書房。

総務省（2019）「過疎地域の現況」
https://www.soumu.go.jp/main_content/000569949.pdf

内閣府（2014）農村漁に関する世論調査
https://survey.gov-online.go.jp/h26/h26-nousan/index.html（最終アクセス：2020年6月25日）

福武直（1978）『日本の農村』 東京大学出版会。

山本恒平（1995）「文献における「ストロー効果」の定義とその検証内容に関する分析」『土木学会関西支部年次学術講演概要』Ⅳ・70―Ⅳ・70・2

●英語

Central Bank of Sri Lanka (2020) *Economic and Social Statistics of Sri Lanka 2020.*

Hennnayake, Nalani (2006) *Culture, Politics and Development in Postcolonial Sri Lanka*, Lexington Books.

Jedwab, Remi and Vollarth Dietrich (2015) "Urbanization without Growth: Historical Perspective." *Explorations in Economic History,* Vol.58, pp.1–21

Kumarage, Amar (2009). A Concession Model to Promote Rural Bus Services in Sri Lanka. Paper presented at the 11th Conference on Competition and ownership in land passenger transport. Netherland. (20–25 September)

Moscovici, Serge (1984) "The Phenomenon of Social Representations," in R.Farr & S.Moscovici (eds.), *Social Representations* (pp.3–69), Cambridge University Press.

Moscovici, Serge (1998) "The History and Actuality of Social Representations," in U. Flick (ed.), *The Psychology of the Social*, Cambridge University Press.

Osmani, Siddiqur (1994) "Is There a Conflict Between Growth and Welfarism? The Significance of the Sri Lanka Debate," *Development and Change*, Vol.25, pp.387–421.

Sayer, Andrew (1985) "The Difference that Space Makes," Gregory, D. and Urry, J. (eds.) *Social Relations and Spatial Structures*, Macmillan, pp.49–66.

Sen, Amartya (1981) "Public Action and the Quality of Life in Developing Countries," *Oxford Bulletin of Economics and Statistics*, Vol.43, No.4, pp.287–319.

Sheiner, Ethan（2005）*Democracy Without Coemption in Japan: Opposition Failure in a One-Party Dominant State*," Cambridge University Press.

Shields, Rob（1991）*Places on the Margin*, Routledge.

Sri Lanka Tea Board（2015）*Annual Report 2015*

United Nations（2019）*World Urbanization Prospects The 2018 Revision* https://population.un.org/wup/Publications/Files/WUP2018-Report.pdf

World Bank（1975）*Rural Development, Sector Policy Paper*

World Bank（1993）*The East Asian Miracle: Economic Growth and Public Policy*

World Bank（2020）World Bank Country and Lending Groups https://datahelpdesk.worldbank.org/knowledgebase/articles/906519-world-bank-country-and-lending-groups（最終アクセス：２０２０年6月25日）

World Bank https://www.worldbank.org/en/country/mic/overview（最終アクセス：２０２０年6月20日）

第 II 部

「送り手」の働きかけ

国際協力のイメージを広める／縮める

第 4 章

未知への想像力を育成する

学校教育における国際協力の語られ方

華井 和代

日本の学校教育では、戦後間もない頃から国際協力の大切さが語られてきた。戦後賠償の義務を負いながら途上国への経済協力を行うことを、生徒にどう理解させようとしたのか。経済大国に成長し、日本と世界のつながりが深まる中で、国際協力に関する語りは、生徒にどのような想像力を育成しようとしたのか。本章では、1950年代から2010年代までの学校教育における国際協力の語られ方の変遷から、想像力のベクトルの変化を捉える。

1 ギャップはどこで生まれるのか

国際協力機構（ＪＩＣＡ）が主催する教師海外研修に参加してザンビアを10日間訪問したある教師は、以下の感想を記している。

> 派遣前は国際協力の必要性や意義について、生徒に対する自分自身の説明内容・方法に違和感を持っていた。私自身が中学・高校時代に受けた教育としては、主に公民的分野において、「日本は先進国として、経済的に裕福なため、発展途上国に援助する義務がある。日本のＯＤＡの現状としては金額的には他国と比較して高額だが、今後は技術支援が課題である。」というものであった。
> しかしＳＤＧｓをツールとして物事を捉えてみると、国際協力は先進国が「責任」や「支援」として一方的に行うものではなく、「この地球に、共に生き続けるために」国や地域を超えて様々な観点から同時的に取り組むべき課題であるという考えに変わっていった。
>
> 出所：『ＪＩＣＡ 教師海外研修 授業実践報告書』（２０１７）より抜粋

途上国を訪問して、「自分がもっていたイメージと違っていた」と感じるのはよく耳にする話である。他者のフィルターを通して日本に伝えられる情報が現実とは少し違ったものになることは往々にして起きる。しかし前述の教師は、自分が中学・高校で受けた教育における国際協力の語られ方と、「ＳＤＧｓをツール」とした場合とのギャップを指摘している。持続可能な開発目標（ＳＤＧｓ）とは、２０１５年に国連で採択された17の開発目標であり、「誰一人取り残さない」という理念を掲げている。この教師が生徒として国際協力について学んだ時代と、ＳＤＧｓを軸とするようになった現在では、国際協力の語られ方がそんなに大きく変わっているのだろうか。また、その変化は何を意味しているのだろうか。

本章では、日本における国際協力のイメージが時代によってどう変化してきたのか、多くの日本人が国際協力についてある程度体系的に学び、イメージを形成する場である学校教育に注目して分析する。

2　国際協力のイメージ形成

国際協力は、日本から遠く離れた開発途上国で、専門家や国際協力に意欲をもつ一部の人々によって行われている。そのため、事業に携わる人と携わらない人の間に大きな情報格差が生まれる。特に、途上国へのボランティア・ツアーやスタディ・ツアーが１９９０年代に増加するまでは、日本国内で国際協力に携わらずに暮らす人々が途上国の現場で何が起きているのかを直接的に見聞きする機会はほとんどなかった。そのため、新聞やテレビ、国際協力の実施主体が発信する情報によって、国際協力のイメージは形成されていた。

一方で、日本の学校教育の基準を示す学習指導要領では、戦後間もない１９５０年代から「国際協力」

が社会科教育の学習内容に掲げられてきた。教師は国際協力の現場について直接的に見聞きしたことがない中で、メディアや国際協力の実施主体が発信する情報を受け止め、そのイメージを生徒に伝えて想像力を育てる教育に反映してきた。教師は、国際協力のイメージの受信者であると同時に送信者でもあり続けてきた。

加えて、イメージの受信者は、送信者に対してフィードバックを与える存在でもある。国際協力がどのように語られるかは、日本が行う国際協力に対する世論となって、外務省やＪＩＣＡといった公的機関の政策に跳ね返っていく。端的な例を挙げれば、バブル経済崩壊後の日本経済が低迷する中では、なぜ日本が遠く離れた途上国に援助しなければならないのか、その援助は本当に意味があるものなのか、説明が求められるようになった。教育の場では援助の実施自体を疑問視する意見はあまり挙がらないものの、援助の効果はしばしば問われる。そのため、外務省やＪＩＣＡは、国民に対して国際協力の重要性を説明し、理解を得なければならない。特に、２００２年に日本政府とＮＧＯが「持続可能な開発のための教育（Education for Sustainable Development：ＥＳＤ）」を提唱して以降は、「持続可能な開発のために求められる原則、価値観及び行動が、あらゆる教育や学びの場に取り込まれること」が目標の一つに掲げられたことから、学校教育を通じて国際協力への理解を得ることが不可欠になった。

アメリカで20世紀最高のジャーナリストと称えられたウォルター・リップマンは、著書『世論』において、世論を分析するには、「行為の現場、その現場について人間が思い描くイメージ、そして、そのイメージに対する人間の反応がおのずから行為の現場に作用するという現実」という三者の関係を認める必要があると指摘している（Lippmann 1922：和訳31頁）。ある行為の現場に関する情報が、現場から離れた人に伝わることでイメージが形成され、その人がイメージに対する反応として何らかの行動を起こし、それが当該行為の現場への影響として跳ね返ってくるという、一種の循環作用が働いているというのである。

本章では、リップマンが提示した三者のうち、「その現場について人間が思い描くイメージ」に焦点を当てる。日本の学校教育において国際協力はどのように語られてきたのか。その語りから、未来の国家・社会の担い手である生徒にどのような想像力を育てようとしたのかを読み取る。

方法として、高校の社会科（１９９３年まで）と公民科（１９９４年以降）の学習指導要領と教科書における国際協力に関する記述を分析する。高校を対象とするのは、小中学校では、生徒の発達段階に鑑みて、国際協力に関する学習内容に制約があるためである。

社会の仕組みを学ぶ科目「一般社会」（１９５２～56年）、「社会」（１９５７～63年）「政治経済」（１９６４～現在）、「現代社会」（１９８２～現在）は国際協力について取り上げる頻度が最も高いため、これら４科目の教科書を分析対象とする。

学習指導要領は、１９４７年に初めて編集・刊行されて以来、約10年に一回の頻度で改訂されてきた（表４‐１）。その改訂内容に基づいて教科書が改訂され、文部科学省の検定を受けて各学校で使用される。

本章では特に、検定教科書制度が開始された１９５２年から発行されている教科書における国際協力の語られ方を一貫して分析するため、好学社（１９５２年版～１９６５年版）、清水書院（１９５２年版～２

014年版）、実教出版（1952年版〜2013年版）の教科書を取り上げる。

教科書は、民間の出版社のもとで大学教授や教師などが執筆しており、公的な語りそのものではない。しかし、社会の動向を反映しようとする執筆者の努力によって制作され、文部科学省の検定を受けて発行されることから、代表性が一定程度は担保されている。一方で、教科書に書いてあることを授業で教師がそのまま語っているとは限らない。当該単元（学習のまとまり）自体が授業で扱われない可能性もある。本章で考察できるのはあくまでも、教科書では何が語られてきたのかであることを注記しておきたい。

表4－1　高校学習指導要領の改訂年度と分析対象科目の変遷

改訂年度	分析対象の科目名
1947年度（試案）	社会
1951年度（試案改訂）	一般社会
1960年度	政治・経済
1970年度（1973年度実施）	政治・経済
1978年度（1982年度実施）	現代社会、政治・経済
1989年度（1994年度実施）	現代社会、政治・経済
1998年度（2003年度実施）	現代社会、政治・経済
2008年度（2010年度実施）	現代社会、政治・経済
2017年度（2018年度実施）	公共、政治・経済

出所：筆者作成

3　国際協力の語られ方

高校の社会科教育は、地理、歴史（日本史、世界史）、公民（現代社会、倫理、政治・経済）の3科目から成り、民主的、平和的な国家・社会の有為な形成者として必要な公民的資質を養うことを目標に掲げてきた。

学習指導要領において高校に社会科が設置された当初から、国際協力への理解やあり方は主に公民科目の学習内容に挙げられている。ただしその語られ方は、日本の経済発展や国際情勢の変化に即して変化してきた。本章では、国際協力の語られ方の変遷を捉えることで、どのようなイメージを形成しようとしたのか、また、育成する想像力のベクトルがどこに向けられてきたのかを追う。

■１９５０～１９７０年代——戦後賠償から経済協力へ

終戦直後の日本は、社会の再建と経済発展に力を注ぎ、対外的には賠償問題を抱え、アメリカからの対日援助に支えられる状態であった。１９５１年の学習指導要領で高校に設置された科目「一般社会」においても、民主的生活の促進、労働関係、村の生産と生活の向上、国の経済が主な学習内容を占めている。国際的な視点は、学習の総括となる最後の単元で外国の文化や物資が生活にどう取り入れられているかが描かれるにとどまっている。１９５２年[*1]の好学社の教科書『一般社会(下)』では、以下のように描かれている（２０７頁）。

＊１　１９５１年検定合格、１９５２年使用開始。以下同様に、本章では教科書の発行年として使用開始年を用いる。

今日、世界中で日本ほど外国の恩恵に依存している国は少ないだろう。前に調べたように、アメリカの対日援助がなく、また諸外国との貿易なくして、われわれは一日も生きていかれない現状であるからである。（…中略…）われわれは、今日世界の文化の恩恵をうけて生活を営んでいるのである。このように考えてくると、現在世界の国際的な友好や協調がいかに大切なものであるかがわかる。われわれは、世界の国々からうけている恩恵に報いるにはどのようにしたらよいだろうか。それには、なによりもわが国のもつ経済的・文化的個性を十分生かすことでなければならない。

外国の恩恵に依存する国として日本が描かれ、国際協調は恩恵に報いるための貢献とされている。同年の清水書院『一般社会』は日本の置かれた状況と展望をさらに厳しく描いている。日本の産業復興や世界経済への復帰は、講和条約に基づく賠償、外債の支払い、連合国財産の損害賠償、アメリカ対日援助の支払いなど「数々の大きな重荷を背負いつつの難航であることを覚悟せねばならない」と、負債金額などを明記しながら語っている（292—293頁）。返済すべき借金として対日援助が描かれ、日本の苦境を自覚することが強調されていた。

こうした日本の苦境を基盤とする語りは、1950年代に高度経済成長を迎え、国際社会への復帰が課題になると大きく変化する。1956年の学習指導要領では「社会」の学習内容として、政治、経済、社会、国際関係の四つが掲げられ、国際政治と国際経済が学習内容として明記された。それにともない、各社の教科書では、最終章に「国際社会と日本」や「国際協力と日本」という単元を設け、国際社会の中での日本の位置付けを展望して教科書のまとめとするスタイルが定着した。

１９５７年の好学社『社会』の最終章では、日本が経済成長によってアジアの先進工業国としての地位を回復したこと、国際連合（国連）への加盟は果たせていないものの、[*2]国連専門機関のすべてに加盟していることを説明したうえで、以下のように記している（３５３頁）。

これからの日本にとっては、国際連合の内外で行われている国際協力に積極的に参加していくことを、国家の大方針としていくべきである。なぜならば、一つの国が進んで国際協力に参加し、公正な国際経済の交流を促進していけば、必ず国際社会の中でその国の地位は向上し、貿易の振興によって国内の生活を豊かにする道が開かれるからである。

ただし、「他方では世界の情勢を正しく認識して、アジアにおける日本の地位、および世界の中における日本の役割を見誤らないようにすることが必要である」として、国際社会における日本がいまだ難しい立場にあることも同時に描かれている。これらの記述からは、戦後復興期の日本において国際社会で

＊２　日本の国連加盟は１９５６年12月であるため、１９５６年検定合格、１９５７年使用開始の本教科書には反映されていない。

の地位の向上と、貿易の振興による国内生活の向上の両方が目指されていたことがうかがえる。国際協力もまた、社会再建の一部に位置付けられていた。

国際社会での日本の地位回復を重視した語りから、援助を必要としているアジア・アフリカとの関係の中で国際協力のあり方を考える語りに変化したのは、多くの植民地が独立した1960年代であった。1960年の学習指導要領では、社会が「倫理・社会」と「政治・経済」に分けられ、「政治・経済」に「国際関係と国際協力」と題する単元が設けられた。国際政治と国際経済を学んだうえで、「国際社会における日本の地位」「世界の平和と人類の福祉への寄与」について学ぶという学習内容が示された。

1965年の清水書院『政治・経済』では、「先進工業国」と「低開発国」の国民所得年額を表で示した後、ソ連とアメリカから低開発国への援助額を表で比較している。東西援助競争との見方も示され、国際協力が国際政治の手段にされることを懸念している（179―181頁）。

また、最終章の「国際関係と日本」においては、アジア・アフリカと日本の関係を以下のように描いている（189―190頁）。

> 日本は、アジア・アフリカ-グループの一員に数えられている。（…中略…）日本の国力の回復、国際的地位の向上とともに、アジア・アフリカ-グループの日本に対する期待はいっそう高まってきた。日本も、これらの国々を理解し、協力提携していくことが日本の発展の一つの道と考えられる。

そのうえで、フィリピン、インドネシア、ビルマ（現在のミャンマー）、ベトナムへの賠償額とラオス、カンボジアを加えた国々への日本からの経済協力の額を表で示し、「賠償は国民の税金によってまかなわれるものであるから、長い間、多くの負担を国民は背負っていかなければならないことになる」と説明している。アジア諸国と日本は、地域グループの仲間であると同時に、戦後賠償問題が依然として存在し、その延長線上で経済協力を行う関係にあることが描き出されている（191―192頁）。

しかし、高度経済成長を経て1968年に日本のGNPが世界第3位になると、戦後復興・賠償の負担が影を落とす語りは大きく転換する。1970年の学習指導要領（1973年施行）では、「政治・経済」の目標において「産業・経済の急激な変化・発展および日本経済の国際化など時代の進展を背景として」という前提がつくようになった。

1974年の清水書院『政治・経済』では、日本経済の拡大を実質GNPの表を示しながら説明した後、「国民総生産の増加率は世界中のどの国よりも高く、いまでは日本の経済力は国際的にもきわめて高く評価されるようになったのである」と評価している。その後、国際経済の仕組みを説明したうえで、以下のように記述している（130―131頁）。

日本はすでに1964年にOECDに加盟しており、発展途上国を援助する大きな責任を負っている。世界経済において日本の地位が高まれば高まるほど、外国からの自由化の要求は強くなった。それだけ日本の国際的責任も重くなったわけである。輸出の拡大によって獲得した外貨は、これを輸入や対外投資の拡大にふりむけ、世界経済の発展にも寄与しなければならない。

経済協力開発機構（ＯＥＣＤ）とは、欧米諸国が自由主義経済の発展のために協力を行う機構であり、ＯＥＣＤへの加盟は、途上国への経済協力を行う先進国の仲間入りしたことを意味した。同頁には、各国の経済協力の額とＧＮＰに対する割合が表で示されており、日本の経済協力が政府・民間純額で12億6300万ドル、ＧＮＰ比０・76％であることが示されている。さらに、最終章にあたる「国際平和と日本」においては、以下のように記述されている（198頁）。

日本の工業力・経済力はアジア諸国の中で比類なきものなので、アジアの発展途上国のために日本の援助を期待する声が強まるとともに、日本の経済的進出が、やがてはアジア諸地域の経済的支配、さらには軍事的支配につながるのではないかという警戒論もある。

経済的利益の対立はやがては政治的対立をもたらし、緊張関係を作り出す要因となる。相手国の利益を考慮せず、いたずらに日本のみの利益を追求することは、きわめて危険な道といわなければならない。特に発展途上国との関係では、貿易や援助が、相手国の自立と発展に寄与するものであるかどうかに注意することが必要である。また、これら諸国との経済的・人的交流の過程で、大国意識や優越感が示されることにでもなれば、相互の友好関係は損なわれることになるであろう。

日本は戦後賠償の義務を負った国であるという自国イメージは消え去り、経済大国の自負が現れている。国際協力は、大国への国際社会の期待に応え、周辺国との関係維持のために行うべき責務として描かれている。

１９５０年代から70年代までの語りに共通しているのは、戦後賠償の義務であれ、経済大国としての責任であれ、自国のイメージ、すなわち、国際社会の中で日本の存在をどう描くかが中心に語られていることである。国際社会から認められたい、あるいはアジア諸国から日本への期待に応えたいがために国際協力が重要なのであり、想像力のベクトルは、相手国から自国がどう見られるかに向かっている。

■１９８０年代――人道支援の広がり

経済大国の責任として国際協力を重視する語りは１９８０年代にも継承される。同時に、途上国の様子が積極的に日本に伝えられるようになるのも１９８０年代である。１９７０年代後半にインドシナ（ベトナム、ラオス、カンボジア）から約１４４万人の難民が流出したことから日本でも人道問題への関心が高まった。「難民を助ける会（ＡＡＲ Ｊａｐａｎ）」（１９７９年）、「日本国際ボランティアセンター（ＪＶＣ）」（１９８０年）などのＮＧＯが設立された。１９７８年に開始した日本テレビのチャリティ番組「24時間テレビ　愛は地球を救う」において、１９８０年のメインテーマとして「カンボジア・ベトナム・ラオス難民のために！　アジア・アフリカの難民のために１割を」が掲げられたことも大きな影響力を持った。１９８０年の本番組キャンペーンへの寄付金は前年比35％増の９億８２２９万３３３３円に上り、1980年代を通じて「アフリカ飢餓救援」（1985年）、「アジア・アフリカの子どもたちに海外援助を！」（1989年）など、アジア・アフリカへの援助が掲げられた。

こうした風潮の中で、教科書の語りに大きく二つの変化が現れた。ひとつは、途上国の状況が詳細に描かれるようになったこと、もうひとつは、経済協力のみならず、青年海外協力隊など、技術協力に尽力する個々の日本人の姿が描かれるようになったことである。

青年海外協力隊は1965年に政府事業として発足した後、1974年に設立された国際協力事業団（現在の国際協力機構：JICA）に引き継がれた事業である。1970年代の終わりまでに、年間300人以上をアジア、アフリカ、中南米などに派遣するようになっていた。

1982年の清水書院『政治・経済』では、巻頭のカラーページにおいて、ラオスで手芸の指導をする青年海外協力隊員の写真と、ガーナ大学医学部で実験を行う研究者の写真が掲載されている。「国際社会と日本」の単元では、開発途上国の諸問題を説明したうえで、「人類福祉の向上のために」と題する項目において、以下のように記述されている（169頁）。

貧しさは飢えと病気をもたらして、それを放置しておくことは、国際社会における人道問題である。また、国の政治的混乱から生じたベトナムやカンボジアの難民も、人道上放置できない問題である。

人類の貧しさと飢えと病気の問題を解決するために努力することは、とくに豊かさを享受している先進工業国国民の人道的義務であるといえよう。わが国でも最近は、技術協力という形で、発展途上国の国民の生活向上のために協力を進めている。また青年海外協力隊が発展途上国に派遣されて、産業・文化・スポーツの各方面で隊員の活躍がよろこばれている。

国際協力が国家間の関係のみならず、人道問題として、人と人の関係の問題でもあることが語られるようになった。

なお、こうした語りの広がりは、学習指導要領の改訂（1978年）によるものではない。それでは、こうした語りはどこから来ているのだろうか。戦後日本における政府開発援助（ODA）言説の転換過程を分析した大山貴稔によれば、この時期の日本のODAは、戦略援助を実態としながらも、国民の理解を得るために「ODAが人道性を帯びた政策であって、かつ国際的な「責任」を果たすための政策でもあることを前面に出した言い回しが公的地位を占めるようになっていった」と分析している（大山 2019）。教科書における記述もまた、こうした公的言説の一翼を担っていた。

人道性を描くためには、どのような人道危機が起きているのかを描くことが必要になる。各社の教科書では、食糧援助を待つアフリカの子どもたちや難民の写真が掲載されるようになった。1982年の実教出版『現代社会』では、「『宇宙船地球号』という一つの共同体の構成員という立場から、人類全体の福祉と生存をいかに確保し、増進するかを考えていくことがますます重要となっている」と記されている（185頁）。1970年代までの「日本が国際社会からどう見られるか」という自国のイメージ中心であった想像力のベクトルが、「援助を必要としている人々をどう理解するか」という相手国のイメージへと変化したことがうかがえる。

■1990年代——グローバル化時代の国際協力

1990年前後には、国際協力を巡る語りに大きな影響を与える五つの変化があった。

第一に、国際情勢として、冷戦終結とともにグローバル化が進展した。1989年の学習指導要領（1994年施行）では、「現代社会」の学習内容に「国際社会と人類の課題」という単元が設けられ、以下が挙げられている。

> 国際的な相互依存関係の緊密化にともなう国際社会の平和および日本経済の国際化について理解させ、国際秩序の形成・維持と平和の実現及び生活の向上と福祉の増大が人類の課題であることを把握させるとともに、これからの国際社会における日本の役割及び日本人の生き方について考えさせる。

世界の平和と人類の福祉に貢献することはこれまでも掲げられてきたが、それを「人類の課題」として普遍化する表現は初めて現れた。「政治・経済」では、これまでは最終単元に置かれていた「現代の世界と日本」が第1単元に置かれ、国際社会に関する学びに重点が置かれるようになった。ここでも、学習内容の説明に「環境、資源、人口など人類全体にかかわる基本的な課題について考察させる」との記述があり、現代世界の課題を普遍化する傾向がみられる。

第二に、1991年に発生した湾岸戦争をはじめとする地域紛争と人道危機が世界各地で発生し、日本にも国際貢献が求められるようになった。湾岸戦争に際してアメリカから日本にも国際貢献が求められ、総額130億ドルもの支援金を支払ったにもかかわらず「Too little, too late」と批判されたことは、日本社会に大きな衝撃を与えた。1991年には自衛隊の掃海部隊がペルシャ湾に派遣され、1992年には国際平和協力法が成立してカンボジアの国連平和維持活動に自衛隊が派遣された。

第三に、日本のODA額が1989年に世界第1位になるのと並行して、ODA批判が展開されるようになった。国際社会に関する学びに重点が置かれると同時に、国際貢献とは何か、国際協力はどうあるべきかという「質」が問われるようになった。そのため、教科書においても国際協力に関する情報が増加した。「政府開発援助（ODA）」という用語が本文に登場するようになり、ODA批判も取り上げられるようになった。

1994年の清水書院『新現代社会』での記述は、こうした動向を反映している（185頁）。

> 日本のODAが巨額になるにつれて、それを高く評価する声と同時に、次のような批判も出てきた。第一に、GNPに比べてODAの比率が少なく、その中でも借款（資金の貸し付け）が多く、贈与分が少ない。第二に、援助の対象国が、歴史的・地理的に結びつきが強いという理由もあるが、アジアに集中し、国連が希望する後発発展途上国への援助が少ない。第三に、巨大プロジェクト中心のODAは、長期的には民衆の生活向上にむすびつくが、衣食住などの緊急の要請にはこたえられない。また、開発に

ともなって先住民が土地を追われたり、環境破壊が心配されたりする例がある。第四に、ODAと比べて、非政府民間団体（NGO）とよばれる民間ボランティアの占める役割が少ないことなどである。

ここで指摘したいのは、1970年代までの、政府の方針と一致した語りとは打って変わり、ODA批判が取り上げられていることである。1980年代の民間団体の活動によって、国際協力は政府のみが行うものではなくなり、ODAが相対化されると同時に客観的な批判の対象にされるようにもなった。日本のODA総額を提示しながら、GNPのODA比率が低いこと、ひも付き援助であるという批判があると説明する流れは、1990年代以降、教科書や資料集での主流となっていく。

第四に、社会科教育全体に大きな衝撃を与えたのは、高校教師であった大津和子が1987年に著した『授業づくりハンドブック3 社会科＝一本のバナナから』であった。鶴見良行の『バナナと日本人』（1982）[*3]をきっかけとして、大津自身が二度のフィリピン訪問を踏まえて、一本のバナナからフィリピンのバナナ農家の現状を捉える授業づくりは、途上国の実態を教師自身が知ろうとする大きな転機となった。貧困や環境破壊、労働搾取といった問題が海の向こうで起きているだけではなく、日本の私たちの生活とつながっているという語りは、ここから生まれていくことになる。なお、大津は、後述する国際理解教育学会の会長やJICA教師海外研修のスーパーバイザーを務め、1998年版から清水書院『現代社会』の執筆者を務めている。

第五に、国際理解教育や開発教育の教材を開発したり、実践報告・研究を行う集まりとしては、19

82年に設立された開発教育協会があるが、1991年には、研究者と教育実践者による日本国際理解教育学会が設立され、国際理解教育の研究と実践が促進されるようになった。1995年の紀要では新井明がアジアへの経済協力とODAを事例とする授業実践を報告するなど、国際協力の教授方法が取り上げられた（新井 1995）。国際協力が民間によっても担われるようになると同時に、国際協力に関する教育もまた、教師自身の手で開発されるようになっていた。

1990年代の大きな転換によって、想像力のベクトルは人と人の関係も含めて自国と相手国との関係性に向かったといえよう。私たちが日常的に食べている食材の生産地で環境破壊や貧困などの問題が起きているとするならば、国際協力は自分たちが享受している豊かさの恩恵を途上国の貧しい人々に分け与える配分的正義ではなく、自分たちが豊かな生活をするために途上国の生産者から奪ってしまった富を本来の持ち主に返す匡正的正義にあたる。日本あるいは自分と途上国との関係性を捉え直し、国際協力はどうあるべきかが問い始められた。

＊3 日本に輸入されるバナナの9割を生産するミンダナオ島の大農園を調査し、多国籍企業の暗躍と農園労働者の貧苦、明治以来の日本と東南アジアの関係のゆがみを描いて社会学の視点の転換をもたらした。

■2000〜2010年代——ともに生きる国際協力

２０００年代はさらに、国際理解教育や開発教育が学校教育において重要な位置を占めるようになった。その理由として、総合的な学習の時間の設置と「持続可能な開発のための教育（ＥＳＤ）」の開始が挙げられる。

１９９９年の学習指導要領では、各学校が地域や学校、生徒の実態等に応じて横断的・総合的な学習など創意工夫を生かした教育活動を行うよう、総合的な学習の時間が設置された。教科を横断して生徒が主体的に学習する題材として、国際理解教育や開発教育を取り上げる学校や教師が多く存在した。課外学習や修学旅行を活用してＪＩＣＡやＮＧＯなどの事務所を訪問したり、国内でのボランティアに参加する活動も始まった。

当時、高校の社会科（地理歴史科）教師をしていた筆者は、２００５年に課外教室で生徒を連れてＪＩＣＡとＮＧＯを訪問したことがある。２００１年には、世界を１００人の村に例えて男女比、言語、宗教、貧富の差などをわかりやすく描き出す『世界がもし１００人の村だったら』が出版されて大きな話題となっていた。筆者はこの本を活用して、世界の人々の多様性と富の不均衡、途上国が抱える水や衛生などの問題を学んだうえで、ＪＩＣＡとＮＧＯを訪問し、アジアからの研修生と生徒が交流する機会を設けた。

２００４年にはＪＩＣＡの教師海外研修が始まり、小中高校の教師がアジア、アフリカ、中南米での研修を受けられるようになった。２００６年には「ＪＩＣＡ地球ひろば」が開設され、子どもたちが訪れて途上国のくらしが学べるようになった。

また、２００２年には、持続可能な開発に関する世界首脳会議で日本政府およびＮＧＯが「持続可能な開発のための教育（ＥＳＤ）」を提唱し、国連で「国連持続可能な開発のための教育の10年」が決議された。

１９９９年の学習指導要領（２００３年施行）での大きな変化は、「現代社会」の学習内容に「現代に生きる私たちの課題」という単元が設けられ、現代社会の諸問題と「自己とのかかわり」を学ぶことが示されたことである。２００３年の清水書院『現代社会』では、「私たちの生活のかげで——南北問題」と題する項目で、日本での飽食をいましめるポスターと飢餓に苦しむソマリア難民の写真を並べることで、南北問題を「自分たちの問題」として描いている。国際協力について学ぶ項目も「私たちの国際協力」と題し、ＯＤＡによる援助とＮＧＯの役割を説明したうえで、以下のように記述している（１４５頁）。

私たちは、国際協力というと、日本などの先進国から発展途上国への一方的な援助だと思い込みがちである。しかし、もし、日本に食料やエネルギー資源を多く輸出している発展途上国の国ぐにが経済的に破綻したらどうなるだろう。食料やエネルギー資源の多くを輸入にたよる私たちは、たちまち生活に不便が生じるだろう。私たちはこの国際社会にあって、一国だけでは生きていけない。国際協力はともに支えあう対等な関係だということをわすれてはならない。

この記述は、本章の冒頭で紹介した教師海外研修の参加者の感想にあった、「国際協力は先進国が『責任』や『支援』として一方的に行うものではなく、『この地球に、共に生き続けるために』国や地域を超えて様々な観点から同時的に取り組むべき課題であるという考えに変わっていった」という語りと一致している。経済大国の責任という、自国にベクトルが向かっていた時代の語りと、世界全体のシステムの中で共に生きるための関係性にベクトルが向かう時代の語りとのギャップを、参加者の感想は見事に表現していた。

また、国際協力の事例として個人のエピソードが描かれるようになった傾向から、「私たち一人ひとり」という個の尊重が見られる。1998年の実教出版『現代社会』では、バングラデシュのペンフレンドを通じて識字学校を支援する日本人女性のエピソードが見開きで描かれている（274―275頁）。2003年版には、NGO地雷禁止国際キャンペーンの活動を訪問したのち、2年間のあき缶回収活動で得た車椅子を提供した高校生のエピソードが登場する（258頁）。

援助をする人も、援助を受ける人も、一人ひとりの個人によって世界が築かれていること、同時に、世界全体の中に私たち一人ひとりのくらしがあるという、個人と世界との関係性にも想像力のベクトルが向くようになった。1970年代までは国を単位として語られていた国際協力に、1990年代には人と人の関係が、2000年代には個人と世界の関係が加わり、想像力のベクトルは幅を広げていった。

ただし、こうした記述の工夫がむしろ、途上国と日本の私たちの心理的距離の広がりを反映しているという見方もできるかもしれない。1950年代の「諸外国との貿易なくして、われわれは一日も生きていかれない」という切実さと比較すると、「発展途上国の国ぐにが経済的に破綻したら（…中略…）たちまち生活に不便が生じるだろう」という語りには、どこかよそよそしさが感じられる。「自分との関わり」を明示的に語らなければ、それが実感できない状況になっていることを暗示しているのかもしれない。日本が豊かになったことで、世界が抱える貧困や不平等などの問題に対して「私たちも当事者である」という意識はむしろもちにくくなっていないだろうか。人道主義の理念だけでは国際協力の必要性が実感できないようになっている可能性を指摘しておきたい。

２００３年の清水書院『現代社会』では最終章の「世界における日本の役割」において、「世界がぜんたい幸福にならないうちは個人の幸福はありえない」という宮沢賢治の言葉を紹介し、「私たち一人ひとりが、どのように国際社会に貢献していくことができるのか、真剣に考えていかなければならない」と問題提起している（１５０―１５１頁）。２０００年代の国際社会とのつながりを考えるときに、明治・大正・昭和初期を生きた宮沢賢治の言葉が引用されていることが興味深い。グローバル化が進んだこと、教科書の記述が豊かになったことが、必ずしも、私たちの想像力が豊かになったことを示しているとは言い切れない。

２０１０年代に入ると、国際協力におけるビジネスの役割が描かれるようになる。２００６年にムハマド・ユヌスとグラミン銀行がノーベル平和賞を受賞したことが後押しとなって、途上国の低所得者層である「Base of the Pyramid」を対象とするＢＯＰビジネスや、ビジネスを通じて社会的な利益を追求するソーシャル・ビジネスへの関心が高まった。２０１３年の実教出版『現代社会』では、「国際経済の動向」の章において、「ソーシャル・ビジネスの挑戦」という見開きのページが設けられ、バングラデシュの貧困やストリートチルドレンの問題を取り上げ、その解決策としてのグラミン銀行の取り組みから、マイクロクレジットやソーシャル・ビジネスを紹介している。そのうえで、以下の指摘で文章を結んでいる（259頁）。

マイクロクレジットのような社会的企業が活動できる範囲は広がりつつあるが、巨額の資本投資が必要な事業には有効とはいえない。また、融資を生かすためには、技術など一定の条件も必要である。貧困解決のために、政府、国際機関、企業、NGOなどが、どのように役割を果たせばよいのか、じっくり考えてみる必要があるだろう。

同書では、国連でミレニアム開発目標（MDGs）が採択され、国別行動計画として貧困削減戦略文書（PRSP）が策定されたこと、国連開発計画ではGNPにかわり人間開発指数（HDI）が掲げられていること、日本ではODA大綱が改訂されたことやアフリカ開発会議（TICAD）が開催されていることなど、国連・国際レベルから政府レベル、民間レベルでの援助までを幅広く詳細に取り扱っている。世界全体のシステムを理解したうえで、自分の役割を考えるという大きなスケールに想像力のベクトルが向いている。

4 想像力のベクトルの軌跡

本章では、教科書における国際協力の語られ方の変遷を捉えることで、日本の学校教育では生徒にどのようなイメージを形成しようとしてきたのか、また、育成する想像力のベクトルがどこに向けられてきたのかを追ってきた。１９５０年代から２０１０年代まで、70年間の教科書での語りは、以下の３つのイメージから構成されていた。①自国のイメージ（国際社会の中での日本の存在をどう描くか）、②援助対象のイメージ（途上国をどう描くか）、③関係性のイメージ（日本あるいは自分と途上国との関係性をどう描くか）である。

戦後賠償の義務を負った１９５０年代から、経済大国としての責任を自負するようになった１９７０年代までは、自国のイメージ中心で国際協力が語られ、想像力のベクトルは「自国がどう見られているか」に向いていた。それは、戦争の爪痕が残る中で、諸外国との関係性をどう築くか、アジア諸国からの信頼をどう取り戻し、国際社会での地位を高めるかという大きな課題を日本が背負っていたことで方向付けられたものであった。しかし、１９８０年代に入って日本のＯＤＡ総額が世界第1位に向かい、堂々たる「援助大国」になっていく中で、想像力のベクトルはもはや自分自身ではなく、援助対象へと向かっていった。援助の受け手である途上国の地域や人々に関する情報が豊富になり、イメージが鮮明になると、「日本の援助は本当に役に立っているのか」「国際協力はどうあるべきなのか」という問いが始まり、想像力のベクトルは人と人の関係を含む、自国と相手国との関係性に向かった。そして、グローバル化の中で自分の生活と途上国の人々がつながっているという発見は、途上国の課題が自分たちの課題でもあるという語りにつながった。国際協力の語られ方を追いかけるという一つの試みからでも、世界に対する私たちのイメージがどう変化してきたかを捉えることができた。

ただし、本章で分析したのは教科書の記述であり、この記述を基盤として個々の教師が生徒に何を伝え、どのような想像力を育成したのかまでは、捉えられていない。

かつて、ユーラシア大陸を旅する沢木耕太郎の『深夜特急』が流行った１９９０年代に大学生だった筆者は、アルバイトで稼いだわずかなお金で航空券を買い、バックパッカーとして中東とアジアの七か国を歩いて回った。高校教師になってからは、その経験をもとに少しでもリアルなイメージを生徒に伝えようと、旅先の写真や実物教材を用いて授業を工夫したり、ＪＩＣＡやＮＧＯを訪問する課外教室を企画したりした。教師を辞めて国際協力学の道に転向してからは、ＮＧＯの開発教育ボランティアとして、あるいはアフリカ研究者として中学高校に招かれ、国際協力について語る機会を得ている。こうした外部講師の招聘は、往々にして、国際協力に関心の高い教師の個人的な発案によるものである。本章では、国際協力を巡る教科書の語りの変遷を捉えたが、その先に、教科書のメッセージを受け止め、各自で補強して生徒に伝える、メッセージの受け手であり送り手でもある教師の存在がある。

こうした教育現場の努力によって育成された想像力は、国際協力という一事象を飛び越えて、世界のどこかで誰がどんな思いで暮らしているのか、そしてその人と自分はどうつながっているのかを想像することに生かされていくであろう。

最後に、帝国書院の2013年『新現代社会』の巻末の言葉を紹介したい（192頁）。

これまで学んできたように、現代社会のあり方はとても複雑ですし、さまざまな課題が山積していま す。しかし、社会をつくり、それを支えていくのは私たち一人ひとりであり、その社会の未来は何より も若いみなさんにかかっています。

そのみなさんにお願いしたいことは、社会の中で考え続け、悩み続けてほしい、ということです。（…中略…）容易には答えの出せない問いや、どのように問うてよいのかもわからない問題が、みなさん自身の中にも、そして私たちの社会の中にもあふれています。それに対して無理に答えをあてはめることなく、考え続け、悩み続け、そしていつの日にか、みなさんそれぞれの言葉をつむぎ出すことによって、社会を少しでもよいものにしてほしいと思うのです。

想像力は、個人の実体験を超えて未知の世界を理解し、過去と現在の延長線上を超えて未来に挑む力を私たちに与えてくれる。

参考文献

●日本語

新井明（1995）「シミュレーションを用いた国際理解の授業――『アジアへの経済協力とＯＤＡ』を事例として」国際理

解教育学会『国際理解教育』第1号、128-137頁。

大山貴稔（2019）「戦後日本におけるＯＤＡ言説の転換過程——利己主義的な見地は如何にして前景化してきたか」ＪＩＣＡ研究所「日本の国際協力の歴史」バックグラウンドペーパー第8号。

大津和子（1987）『授業づくりハンドブック3　社会科＝一本のバナナから』国土社。

鶴見良行（1982）『バナナと日本人——フィリピン農園と食卓のあいだ』岩波新書。

●英語

Lippmann, Walter (1922) *Public Opinion*, Macmillan.（掛川トミ子訳『世論（上）（下）』岩波文庫、1987年）

●教科書一覧

出版社	教科書番号（使用開始年）
好学社	高社1012／1013（1952年）、高社1071（1957年）、政経003（1965年）
清水書院	高社1026（1953年）、高社10―1004（1957年）、政経009（1965年）、政経041（1971年）、政経403（1974年）、政経426（1978年）、政経002（1982年）、政経028（1989年）、政経034（1991年）、現社008（1982年）、現社009（1982年）、政経503（1994年）、政経513（1995年）、現社504（1994年）、政経002（2003年）、政経010（2003年）、現社016（2003年）、政経305（2014年）、政経306（2014年）、現社305（2013年）、現社306（2013年）
実教出版	高社1019（1952年）、高社1140／1141（1953年）、高社1096（1957年）、高社10―1083（1960年）、政経006（1965年）、政経406（1974年）、政経410（1975年）、政経005（1983年）、現社003（1982年）、現社004（1982年）、現社047（1988年）、政経502（1994年）、政経510（1995年）、現社502（1994年）、現社514（1998年）、政経001（2003年）、政経007（2003年）、政経016（2007年）、現社002（2003年）、現社003（2003年）、現社019（2007年）、政経303（2014年）、政経304（2014年）、現社302（2013年）、現社303（2013年）

第**5**章

ＯＤＡマンとは何者か

外務省のＯＤＡ広報と想像力

紺野 奈央

ＯＤＡに関する政府広報は、具体的な教育カリキュラムに組み込まれているわけでもなく、国際機関やＮＧＯのキャンペーンのように新たな予算獲得に役立つわけでもないという点で特徴的な送り手の働きかけである。本章では「ＯＤＡマン」に変身した外務省の広報キャラクター「吉田クン」に着目し、彼が担う役割、可能性と課題を検討する。ＯＤＡマンは誰に向かって、何を語り、どのような側面で人々の想像力に影響を与えているのだろうか。

1　ODAマン参上

本書を手に取っているあなたはきっと国際協力に興味があったり、関係するテーマについて勉強している人ではないだろうか。そんなあなたなら、本章のタイトルを「オダ・マン」と読まず、ODA（オーディーエー）と正しく読めたに違いない。「ODAマン」はYouTubeの動画で15万回以上再生されていたり（2020年5月現在）、地下鉄の動画広告などに現れるなど、少しずつその存在が世に示されつつある。

ODAマンとはいったい何者で、何をしているのだろうか。ODAマンは、政府開発援助（ODA）についての国民の理解と協力を促すことを目的に、2018年に外務省が人気アニメ「秘密結社　鷹の爪」と協働して生み出したODA広報公式キャラクターである（図5-1）。ODAマンはODAを「楽しく・わかりやすく」をモットーに、特設サイトでの動画やシミュレーションゲーム[*1]に登場したり、Twitterアカウントからの発信、さらには国際協力に関するイベントへの参加など、積極的に活用されている。「お堅い」イメージがつきまとうODA事業において、ODAマンはどこかユニークでインパクトがあり、そのギャップのためか一度見ると忘れられない。

そもそも筆者が、ODAマンの活躍を目のあたりにしたのは、2019年のODA評価案件[*2]にコンサルタントとしてたずさわった時であった。同行した外務省職員が、相手国の関係機関へのインタビューが終わるたびに、ODAマンのピンバッジをインタビュー対象者にお礼として渡していた。その後、ODAマンのぬいぐるみが登場し、関係者と広報用（記録用）の記念撮影をするという流れが、お決まりの

図5-1　「ODA マン」

出所：外務省ウェブサイト ［https://www.mofa.go.jp/mofaj/gaiko/oda/press/event/page22_001008.html］

流れであった。相手の反応に注目すると、キャラクターを珍しそうに眺める人、「かわいい」と褒める人、なぜ人形はしかめっ面なのかと問う人など、誰もが一言いいたくなるようなキャラクターであることはたしかだった。

ＯＤＡマンの活躍する舞台であるＯＤＡ広報は、国民への情報開示や理解促進が目的である。そのため、教育効果を期待して行われる学校での国際協力に関する授業（第4章参照）、活動に必要不可欠な寄付を引き出すためのキャン

＊1　ＯＤＡをテーマにしたシミュレーションゲームとしては、恐らく「人類史上初」として広報されている（外務省ＯＤＡ広報Twitter、２０１9年10月11日）。

＊2　地球規模課題対応国際科学技術プログラム（Science and Technology Research Partnership for Sustainable Development：ＳＡＴＲＥＰＳ）のＯＤＡ評価（第三者評価）を指す。なお、評価報告書別冊（8頁）のヒアリング後の集合写真には、ＯＤＡマンがしっかりと登場している。

ペーン広報を展開する国連機関（第6章参照）やＮＧＯと比較して、その最終的な効果がどのように発現するのかはわかりにくい活動である。また、ＯＤＡ広報について諸外国と比較すると、幅広い国民層向けのＯＤＡそのものに特化した政府広報はほとんど見られない。

にもかかわらず、日本においては、それなりの予算がかけられ、オリジナルのキャラクターを活用してまで、ＯＤＡに関心をもってもらおうと工夫を凝らした広報が行われている。なぜ、日本ではこのような国民に対する「楽しく・わかりやすい」ＯＤＡ広報を、積極的に展開する必要があるのだろうか。

本章では、まず日本におけるＯＤＡをテーマとした国民への働きかけがどのように行われてきたのかを広報媒体の変遷にも着目しながら、歴史や特徴をみていく。そのうえで、特に「ＯＤＡマン」の役割に着目し、広報の受け手である私たちの「想像力」に与える影響について議論したい。

2　ＯＤＡ広報の成り立ち

「楽しく・わかりやすい」積極的なＯＤＡ広報という以前に、そもそも、なぜ国民向けのＯＤＡ広報が必要とされるのだろうか。いくつか動機は考えられるが、まず一つには制度上の動機が前提としてあることを押さえておきたい。日本では援助に関する基本法が存在しないため、毎年ＯＤＡ予算を国会の場などで正当化しなくてはならない。他方のイギリスやアメリカでは、ＯＤＡは基本法によってその実施手続きが制度として安定しており、透明性も高い。しかし、日本が指針にしている「ＯＤＡ大綱（２０１

5年に開発協力大綱へと改称）」は、閣議決定ではあっても法的な拘束力がなく、複数の省庁にまたがる複雑な手続きが必要だ。そのため、都度、国会の承認を得なくてはならない。[*3] つまり、政府は国会の予算審議の場で、ODA予算の妥当性や正当性を明確に示さなくてはならない。そのため、欧米諸国以上に、外務省やJICAはODAに対する国民の深い理解と支持を得るために幅広い層の国民に向けた広報を積極的に行う必要があるというわけだ。

かといって、ODA広報が、日本が開発協力を開始した当初から展開されてきたかというと、そうではない。日本のODA広報の歴史を整理したのが表5-1である。外務省の『わが外交の近況（現 外交青書）』から各年次の動向を追ってみると、「国内広報」についての記述が出てくるのは1962年である。ODAマンが登場したのは2018年であることを考えると、彼が登場するまでに約60年もの間、国民に向けた働きかけの積み重ねがあったことになる。

現在、子どもから大人までを対象とするODA広報のすべては、外務省とJICAがウェブサイトを

＊3　ODA大綱は1992年に制定された日本の援助政策の基本原則である。目的や基本方針、重点課題などをまとめたもので、日本の援助理念を示す。2015年には開発協力大綱として改定され、「国益の確保」が明確に位置付けられた。従来の大綱では利他主義的な見地から避けられてきた「国益」という利己主義的な見地に立つ文言が新たに盛り込まれたことは、日本のODAを巡る大きな変化として賛否両論が起きた（大山 2019）。

表5-1 ODA広報の成り立ち

	1960年代 国内広報のはじまり	1970年代 広報内容の平易化	1980年代 広報対象の広がり	1990年代 「ODA広報」の本格化	2000年代 広報対象の拡張と新たなアプローチ
内容	外交全般 →	→	→	→ ODA →	→
対象	一般向け → 子供向け →	→	→	→	→
媒体	刊行物 ラジオ テレビ → 作文コンテスト	小冊子 →	→	マンガ → 体験（大規模展示、施設、視察）→ ウェブサイト →	→ YouTube Facebook Twitter オリジナルキャラクター

出所：筆者作成

相互にリンクさせて、情報公開と発信を行っている。本節では、表５-１に示すＯＤＡ広報の成り立ちを時代ごとに追いかける。ＯＤＡマン誕生の背景を明らかにするため、ＯＤＡ広報がどのように展開されてきたのか、その過程を追いかけたいと思う。

■１９６０年代――国内広報のはじまり

先にも述べたように、１９６０年代には国民へ働きかける姿勢は存在していたといえる。この頃の主な広報媒体は、刊行物、ラジオ、テレビであった。主な対象は大人であったが、刊行物の一部は、中学生～高校生を対象に、当時の世界の情勢や日本の外交に関する情報提供をしていたことから、この頃には既に現在のＯＤＡ広報の芽生えがあったことを確認できる（外務省 １９６４）。また、１９６４年には海外経済協力強調運動が始まり、援助に関する作文を広く国民から募集するなどの働きかけも行われた。[*4]

■1970年代──広報内容の平易化

外務省は各種刊行物に加え、国民各層の正しい認識を得ることを目的とし、重要な外交案件についての「平易な」小冊子を作成するようになる。1975年には、途上国に関する調査・研究、ODAの広報活動を行う機関として、財団法人 国際協力推進協会（The Association for Promotion of International Cooperation：APIC）が設立された。これにより、子どもから大人までを対象とした「わかりやすい」広報媒体の開発が進むことになる。

■1980年代──広報対象の広がり

媒体自体は変わらないが、国際情勢、海外事情、わが国の外交活動などを「わかりやすく」解説するテレビやラジオ番組[*5]も以前より盛んになった。その背景を、日本の援助理念に関して、おそらく最初にまとまった文書として公開された『経済援助の理念』（外務省　1980）から読み取ることができる。こ

＊4　この運動はアジア経済研究所を事務局として多様な省庁の協力のもと、経団連によって、海外技術者研修協会、海外技術協力事業団、日本商工会議所、日本生産性本部との共催によるものであった（経団連　1964）。政府への提言の他、海外経済協力に関する作文を募集するなどの活動が行われていた。

＊5　「世界にかける橋」（テレビ）、「地球トーク＆トーク」（テレビ）、「暮らしのマイク」（ラジオ）、「地球はまあーるいよ」（ラジオ）などへの制作協力を行っている。

の文書は「なぜＯＤＡが必要なのかについて幅広い国民的合意を築くことが不可欠の前提」（外務省 1980、ii頁、傍点は筆者による）として、「納税者の納得」を得ることが援助を進めるうえで必要不可欠であることを強調している。

■1990年代――「ＯＤＡ広報」の本格化

国内外からの圧力

「ＯＤＡ広報」が独自のものとして切り出されたのが、１９９０年代である。

１９８０年代中頃から徐々に増加しつつあった日本のＯＤＡ予算額は、ついに１９８９年にはアメリカを抜き、その後１９９１年から２０００年までの10年間、世界最大の援助国であったのはまさにこの時代である。そして、１９８０年代後半から１９９０年代にかけては国民からのＯＤＡ批判が盛り上がった時期でもある。１９８０年代のフィリピンのマルコス元大統領によるＯＤＡ不正横領疑惑（マルコス疑惑）に端を発する「ＯＤＡ批判」によって、ＮＧＯや市民社会によるＯＤＡへの関心が高まり、広く国民全体にＯＤＡの存在価値を積極的に知らしめる必要性が生じた。なぜなら、当時の政府や援助機関は国内からの批判に対して、必要最低限の防衛しかしていなかったためである。また、それまでも先進国の一員としてＯＤＡを拡大すべしという欧米からの圧力も受けていたが、日本は「国内世論が追い付いていない」ことを口実にＧＤＰに占めるＯＤＡ予算の増額に抵抗してきた。しかし、国内におけるＯＤＡ批判の盛り上がりにより、その口実も使えなくなった。

１９９２年のＯＤＡ大綱にも、内外の理解と支持を得る方法として「情報公開の促進と広報活動の強化」が明示されている（ＪＩＣＡ ２０１９）。この頃にＯＤＡ広報が強化されたのは、このような国内外からの圧力に対する一つの反応と考えてよいだろう。

多様な広報活動の展開

ＯＤＡ広報が本格化すると同時に、子どもも視野に入れた広報が、活発な動きを見せるようになるのもこの時期であった。そこで特に重視されたのが「わかりやすさ」であり、それはつまり「イメージのしやすさ」でもあった。

イメージのしやすさを実現するために、新たな媒体としてマンガが活用され始める。インターネットの普及も「わかりやすい」広報の追い風となり、１９９５年には「外務省ホームページ」が開設された。その翌年には、子ども向けのウェブサイトである「キッズ外務省」もスタートしている（外務省 １９９６）。

さらに、子どもから大人までがＯＤＡに関することを「楽しく・わかりやすく」身体で感じることができるような取り組みも新たに始まった。日本が初めて国際協力の援助国として、国際組織「コロンボ・プラン」に加盟した日である10月6日を記念して、１９９０年に始まった「国際協力フェスティバル（２００５年よりグローバルフェスティバルへと改称）」と呼ばれる展示型の広報活動、[*6] １９９３年に国際協力に関する一般向けの広報センターとして開設された「国際協力プラザ」での活動、[*7] １９９９年に始まったＯＤＡに関心のある民間人に現場視察をしてもらうという参加型の試みである「ＯＤＡ民間モニター」が、その例である[*8]。

■2000年代——求められる効率化とイメージ変革 広報対象の拡張と新たなアプローチ

２０００年まで世界最大の援助国であった日本だが、ＯＤＡ予算額自体は１９９７年度をピークに減少に転じていた。そのような中で、関係者がＯＤＡ事業への予算獲得のために、より一層の国民理解の必要性を感じ始めたのが、２０００年代にあたる。

２００３年のＯＤＡ大綱改定では、92年の大綱と比較してさらに積極的な広報活動の推進を求められ、ＯＤＡに対するイメージを「自分とは関係ない・とっつきにくい」から「楽しく・わかりやすい」へと変化させるための活動がより一層求められることになる。

そのような中、一つの転機が起こる。自民党から民主党への政権交代によって２００９年度から２０１０年度にかけて実施された事業仕分けおよび行政事業レビューである。この結果、政府のＯＤＡ広報について、広報事業の効率的な実施のため、より一層の経費削減と政府ＯＤＡ広報のＪＩＣＡへの集約化が求められた（行政刷新ワーキンググループ ２０１０）。

これにより、主に一般向けの個別ＯＤＡプロジェクト情報はＪＩＣＡに集約されるなどの事業のスリム化が図られた。２０１０年には外務省によって「ＯＤＡのあり方に関する検討」が行われるなど、広報戦略のあり方も見直される契機ともなった。同検討の中で、開発協力に無関心な層へのアプローチやＯＤＡのあり方を検討するための国民参加を促進する取組みの必要性が広報強化方針として提案されたのである。それは、つまり子どもから大人まで、かつＯＤＡに無関心な人々を対象にしながらも、いままで以上に効率的・効果的な「わかりやすい」ＯＤＡ広報を突き詰めよ、というハードルでもあった。

＊6　１９５４年10月６日に、日本がコロンボ・プランへの加盟を閣議決定したことにちなみ、10月６日を「国際協力の日」とすることが１９８７年に閣議了解されている（外務省 ２０１５）。なお、この催しは公官庁や実施機関以外にもＮＧＯや国際協力関連の民間企業を巻き込みながら、タレントなども招聘するなど、２０１９年には18万人を超える規模の集客を誇る一大イベントへと発展した（Lindgren 2020）。

＊7　運営はＡＰＩＣに委託され、図書の収集・閲覧、月刊誌による情報提供、教材制作・貸出・配布、生徒受入れ・研修、講師派遣、地方拠点の整備など、様々な活動が行われた。特に、小中学校教員用副読本『開発教育・国際理解教育ハンドブック』（ＡＰＩＣ ２００１）は、インターネット上で公開されており、授業実践プログラム集も含まれた実践的な内容となっている。しかし、国際協力プラザ事業は民主党政権の事業仕分けにより廃止判定を受け、事業の一部を「ＪＩＣＡ地球ひろば」に移し、同事業は２０１１年に終了した。

＊8　２００８年まで総計７７０名のモニターが30か国５２１案件を視察している（外務省ウェブサイト「ＯＤＡ民間モニター」https://www.mofa.go.jp/mofaj/gaiko/oda/shimin/monitor.html（最終アクセス：２０２０年11月22日））。後続事業として、２０１１年度から２０１７年度まで「国際協力レポーター」事業が実施された（ＪＩＣＡウェブサイト「ＪＩＣＡ地球ひろば　国際協力レポーター」https://www.jica.go.jp/hiroba/program/join/reporter/index.html）。

新たなアプローチの導入

このハードルを乗り越えるうえで、テクノロジーの進歩が救世主となる。２００２年にはＯＤＡに特化した「ＯＤＡホームページ」が開設され、ウェブサイトとメールサービスを用いた広報は、国民との双方向のコミュニケーションを可能にした（外務省　２００２）。さらに、２００９年には、動画サイトYouTubeに動画チャンネルアカウント、２０１１年にはFacebookやTwitterといったＳＮＳアカウントを開設するなど、開発協力に無関心な層にも働きかけられるような、新たな広報アプローチも始まった。

ここまで、１９６０年代から現在までの主に外務省によるＯＤＡ広報の歴史を辿った。約60年にわたる広報の歴史から見えてきたのは、働きかける対象が大人、子ども、そしてＯＤＡに無関心な層へと広がってきたことである。そのように考えると、「楽しく・わかりやすい」広報の発展は、幅広い対象をカバーしていくために必要不可欠だったともいえる。

なぜ楽しく・わかりやすいＯＤＡ広報を展開する必要があったのかが明らかになったところで、次節では、働きかけの手段（広報媒体）に着目する。楽しく・わかりやすいＯＤＡ広報のために、どのような工夫がなされてきたのだろうか。

3　想像を促す広報へ

「楽しく・わかりやすい」ODA広報のために工夫されてきたこと。それは、遠い世界のように感じられるODAの現場をできるだけ具体的に「想像」できるような工夫であった。

ここでは、「ODAマン」の先輩にあたる、人々の「想像」を促すために用いられた広報媒体（手法）に着目し、ODAマンに引き継がれてきた役割と、ODAマンならではの役割を明らかにする。

■マンガ

従来のODA広報の手法と異なる一つの転機となったのが、1992年の『目でみる援助プロジェクト　マンガODA物語』（APIC 1992）である（図5-2）。このマンガは、当時ODA広報活動の委託を受けていたAPICが発刊した。ODAには無関心な主人公の生徒が、国際協力の現場で活躍する卒業生から授業を受け、ODAの役割や重要性に気づいていくストーリーである。巻末には当時のODA拠出額などのデータもわかりやすくまとめられている。

日本のマンガの特徴として挙げられるのは、多様な年齢層に向けられているため、テーマが豊富であることだという（ジャクリーヌ 2007）。マンガを子どもたちだけを対象とした幼稚な読み物とみなす批判もあるが、伝えたい内容を文章ではなく絵で提示することから、伝えたい内容に対する人々のイメージを高める効果は評価されている（Paul 2004, Hạ 2015）。

図5-2　1992年刊行『マンガODA物語』

出所：国際協力推進協会（APIC）（1992）『目で見る援助プロジェクト マンガODA物語』

マンガという多くの日本人にとって身近な媒体の広報への導入は、ＯＤＡを物語に乗せ「イメージ」として伝える工夫により、人々の「想像」を促そうとした広報の走りと言える。また『マンガＯＤＡ物語』の場合は、ＯＤＡ批判が高まった当時の時代背景も考えると、主人公を中高生に設定しており、子どもたちも含めたより幅広い層へのＯＤＡへの正しい理解を深めたい、という作成側の意図も伝わってくる。

近年では途上国でＯＤＡ事業に携わる女性と、それを主夫として支える男性を描いた「ＯＤＡガール&主夫ボーイ」など、新しい時代を反映した内容のマンガも２０１７年に刊行されている。

■テレビ

１９９３年からは、外務省提供のテレビ番組を通じたＯＤＡ広報も行われるようになる。この前身として１９７０年代から行われていたラジオ番組やテレビ番組は、国際情勢や海外事情、外交活動を広く扱うものであり「ＯＤＡ」を番組の看板として扱うものではなかった。

２００６〜２００７年度に、テレビ東京から毎週１回４分間放送された「関口知宏の地球サポーター」は、各国が抱える問題とそれに取り組む日本の援助をテーマ別に分けて紹介した。全国放送の強い希望もありＢＳ総集編が放送されるなど、大きな反響を呼んだ。

かつて広告実務の教科書では、「テレビは『認知媒体』、新聞は『理解』を促進し、雑誌やラジオは『絆』を深めることに秀でている」といった、各媒体の特性解説がなされていたという（宣伝会議デジタルマガジン　2019)。現在では、インターネットやSNSが登場し、それぞれの媒体のもつ機能や役割は変化してきているが、当時はまだ広報媒体としてのテレビの存在が大きかったはずである。マンガでいう絵、ラジオでいう音に加え、テレビは「映像」という、臨場感をも伝えることができる強みを活かし、人々にODAのイメージをより豊かに伝える役割を担った。

■ウェブサイト・SNS

1995年の外務省ホームページの開設後は、プロジェクト視察の疑似体験ができるODAバーチャルツアーなどもコンテンツとして設けられ、ODAに関する情報は、1998年において外務省のウェブサイト上で最もアクセス数の多い項目の一つとなった(外務省　1998)。2002年には、それまで外務省ウェブサイトのコンテンツの一つであったところから、「ODAホームページ」が特設された(外務省　2002)。

一般家庭へのパソコンの普及、幅広い層への携帯電話の普及により、人々の情報収集の手段にインターネットが加わった。そのため、現在ではウェブサイトを通じた広報が主要な役割を果たしている。その特徴は何といっても速報性と波及効果である。紙媒体やテレビでの広報は、その媒体を通じて、直接配信された人々のみに届くという点で、ピンポイントである。しかし、ウェブサイトを通じた配信は、一つの情報をインターネット上に公表すると、様々な広報媒体へも波及する。また、ウェブサイトへ掲載されたものは長期間保存されることが多いため、未来にわたり、多くの人々へ伝えることができる。

また、外務省は、2009年以降に、YouTube, FacebookやTwitterなどSNSといった新しいツールを活用した広報を、ウェブサイトと連携するかたちで展開している。

マンガやテレビにはない「リアルタイム」という新たな強みを活かし、写真や動画などのイメージも効果的に活用しながら、生き生きとしたODAを伝える役割を担っている。

■キャラクター[*9]

こうした過程を経て2018年に誕生したのが、「ODAマン」という独自の「キャラクター」を活用した広報である。

外務省は、この前年に、ODA広報とは異なる目的はあるが、人気劇画『ゴルゴ13』とコラボレーションした『中小企業向けの海外安全対策マニュアル』（外務省 2016）を制作している。2016年のバングラデシュの首都ダッカでのテロ事件を受け、外務省が「文書」として公開する情報だけでは、幅広い層への情報周知が難しいと感じた担当者が、気軽に手に取ってもらうことができるよう工夫できないかと考えた結果であったという（NIKKEI STYLE 2018）。これがODAマンの誕生に、直接的に影

＊9　キャラクターとは、マンガやアニメ、テレビ番組や映画に登場する人物やロボット、あるいは擬人化された動物や植物のことである（キャラクターマーケティングプロジェクト 2002）。

響があったかは定かではないが、外務省内における、新たな広報媒体としての「キャラクター」活用の試みの一つであったことは確かである。

キャラクターは「カラフルで、イメージ豊富なためアテンション・ゲッターとなる」とされ（Keller 1998）、日本においては官民問わず、様々な業界で広報戦略の一つとして多用されている。さらに、「日本人はキャラクターをマスコットとしてその背景にあるストーリーや自分自身にとってまたは多くの人にとっての意味づけを求め、あたかも一人の人のように接する特徴がある」という（越川 2013：164頁）。広報の文脈でキャラクターを捉えるならば、キャラクターは発信者の意思を代弁する「分身」ともいえる。

ODAマンは、広報媒体としてはODAマンの先輩にあたる、マンガ、動画やゲーム、SNSなどを、ツールとして引き継ぎながらも、自らが放つインパクトあるイメージを強みとする。そして、単なる広報媒体という枠を越え、一人の「分身」として「楽しく・わかりやすく」をモットーに、国民に語りかける役割を担っている。

4 ODAマンは何を語りかけているのか

ODAマンの役割がわかったところで、本章の問いに戻ろう。なぜODAマンは国民に語りかける必要があるのか。「語りかける」という行為は、言葉を発して「話す」こととは違い、必ず相手が必要となる行為である。そして、共に「語り合う」という状況とも違い、語る側と語られる側の間には一定の距離がある。ＯＤＡマンが語る理由は、まさにこの距離にあるのではないだろうか。

ＯＤＡマンが国民に語りかけるときにも、「国民とＯＤＡの間には距離がある」という事実が前提として存在している。それを踏まえると、ＯＤＡマンが語りかける本当の意味は、外務省の掲げる情報開示や理解促進といった理由の先にある、「ＯＤＡと国民の距離を縮める」ことだとは考えられないだろうか。

本書の序章で佐藤は「国際協力は、それを傍観している人から見ると善か偽善のどちらかにくくられてしまうことが多く、なかなか普通の活動として認められることが少ない」と指摘した。日本では、国内に多様な課題を抱えているにもかかわらず、なぜわざわざ外国を支援しなくてはならないのか、という疑問をもつ国民も多い。国際協力が「普通の活動」として認められないのは、日本から遠く離れた場所で困っている国や人々に対する働きかけであるＯＤＡそのものが、多くの国民にとってはイメージし難いだけでなく、「自分とは関係のない」「とっつきにくい」話題として認識されている可能性がある。

これに対して、西欧諸国では、これまでの開発経験や宗教的な背景もあり、慈善活動（チャリティー）の延長としてＯＤＡを理解する土壌がある。パリに本部を置くＤＡＣ（開発援助委員会）の加盟国の中でも、「日本は『布教』経験のない唯一の援助国」であるとされてきた（オアー １９９３：１６９頁）。

このような背景も抱える日本において、ＯＤＡと国民の距離を縮めるためには、ＯＤＡを仕掛ける政府の側からも積極的に広報を押し出し、国民のＯＤＡに対するイメージを変え、理解を促進する努力をしてこなければならなかった。そのような意味で「ＯＤＡマン」は、ＯＤＡと国民との距離を縮めるために、「自分とは関係ない・とっつきにくい」から「楽しく・わかりやすい」へと「イメージ」を変化させるODA広報の発展過程で生まれた、一つのシンボル的存在である。

ここでは、ODAマンの具体的な活動現場を見ながら、ODAマンは一体何を語りかけているのかを見てみよう。彼の登場はODA広報の新時代を予感させる展開である。彼が果たしている役割を、具体的な語りかけの内容からより掘り下げることで、ODAマンが活躍できる舞台の可能性にも迫ってみたいと思う。

■ODAマンの語りかけ

ODAマンは、主に動画やマンガ、シミュレーションゲームの中に登場する。それらの中で、彼が南米チリの養殖場やブラジルの産業開発、あるいはアフリカ大陸のケニアの教育現場など異なる舞台で強調するのは、「援助は単なる人助けなのではなく、日本のためになるWIN—WINの活動である」という点である。ODAマンのストーリー展開で見られる一つのパターンは、①途上国には困っている人がいる、②日本にはその問題を解決する技術や工夫がある、③かつて日本も同じように助けてもらった経験がある、④相手を支援することは日本にとってもプラスになるのでODAはWIN—WIN、である。

このようなODAマンの語りかけには、まさに日本のODA広報を取り巻いてきた状況の変化がそのまま反映されている。前節（2．ODA広報の成り立ち）で辿ったように、一つは2010年以降に求められてきた、ODAに無関心な層への働きかけの必要性である。そして、2015年に制定された開発協力大綱で明示された「国益の確保」の前景化である。

ＯＤＡに無関心だったり批判的な層に働きかけるには、相手国が抱える課題やＯＤＡを通して彼らが得る利益に重きを置くよりも、日本の中小企業が参画することで技術が活用されるなど、日本にとっての利益（＝国益）を強調するような語りの方が、訴求力があるというわけだ。

つまり、近年のＯＤＡ、そしてＯＤＡ広報を取り巻く状況の変化は、そのままＯＤＡマンの語りかけに繋がる。そのように考えると、ＯＤＡマンは、ＯＤＡ広報のシンボルであると同時に、日本のＯＤＡのいまを映す鏡のような存在ともいえる。

いまのＯＤＡマン（＝日本のＯＤＡのいまが反映されたＯＤＡマン）は、日本のＯＤＡがいかに良い事業であるか、日本がいかに素晴らしいことをしているかを、楽しく・わかりやすく「イメージ」してもらい、幅広い国民層にＯＤＡの意義を理解してもらえれば、十分に役割を果たしていることになる。

しかし、こうしたＯＤＡマンを通した広報戦略が、いまのＯＤＡに焦点を絞り、「とっつきやすさ」や「楽しさ・わかりやすさ」を優先する過程で、見えなくしていることはないだろうか。筆者が懸念するそのひとつは、国際協力が作り出してきた「援助するもの・されるもの」の間に暗に構造化されている上下関係の上塗りである。

なぜなら、このマンガからは支援対象である相手の顔がよく見えないのである。ペルーの救急現場、ケニアの教育現場など、具体的な活動の場であるにもかかわらず、現地の人びとの顔が見えてこない。それをよく表しているのが、『ＯＤＡ読本１巻』（外務省２０１９ａ：11-12頁）で描かれる、上の場面であ

図5-3　ODA読本1巻「ODAで教育（ケニア）」

出所：外務省（2019a）
画像：©DHC

る（図5-3）。ケニアの教育現場では、日本の官民連携で開発された教材に焦点がおかれ、それがケニアの子どもたちの教育向上にどれだけ貢献したかという点については触れられていない。

また、「途上国は困っていて、日本側には解決策がある」という、一方向性のストーリー展開が多い。多くの日本人にとって、「〜マン」はなじみのあるキャラクター呼称であり、正義の味方を想起するイメージワードである。だからこそ、「ＯＤＡマン」という呼称は、世界の貧困や飢餓などといった困りごとを日本から飛んで行って解決するというヒーローもののストーリーは、なじみやすいのである。

しかし、この一方向性のストーリーは、支援が必要な状態をもたらすことになった現地特有の事情に読み手の目をつぶらせることにならないだろうか。さらには、日本が経済や人材の面で普段から途上国に依存し、助けられているという側面を見えなくしてしまう可能性もある。

「ODAと一口に言っても、相手国にとって負担が少なく、そして効果的な支援はなんなのか？それを考えるには相手国の事情をよく知り、しっかりと寄り添って考えなくてはなりません。（…中略…）ぜひ皆さんも一緒になってODAを考えていきましょう！」

これは『ODA読本２巻』（外務省　２０１９b：34頁）での、ODAマンによる最後の語りかけである。筆者は、この語りかけに違和感を覚えた。彼の言う通り、相手国の人々の暮らしと文化に対する理解が不十分なまま、支援が先走ってしまうことは避けなくてはならない。にもかかわらず、先述の通り彼が実際に活躍する舞台（動画やマンガ）における、相手の顔が見えない語りと、一方向的なストーリー展開は、「援助するもの・されるもの」の間に構造化される上下関係を明示していると感じたからだ。「寄り添う」という言葉は聞こえがよい。しかし、開発援助の長い歴史が私たちに教訓として教えてくれるのは、支援する側の一方的な思いでは援助は根付かないし、現地の人々にとってはかえって迷惑になるということであったはずである（イースタリー　２００９、モヨ　２０１０）。そして、その教訓は、支援をする側のいまの都合やODAを取り巻く状況の変化に左右されたり、「楽しさ・わかりやすさ」を追求する結果、抜け落ちてしまってはならないものではないだろうか。

■ODAマンと「違った可能性を想う力」

私たちがODAマンと一緒にODAや国際協力について考えるための、はじめの一歩として「楽しく・わかりやすい」語りかけは必要である。また、先輩たちから引き継いだ様々な広報ツールを駆使しながら、その語りかけをさらに突き詰めていくのも彼の任務なのかもしれない。しかし、筆者が心配するのは、それらは考えるための出発点にならずに、「よいことをしているね」という同意や共感を得ることが終着点になってしまうことだ。これでは、国民とODAの距離が縮まったことにはならない。

私たちが子どもの頃にマンガやテレビなどで熱中したヒーローたちも、善と悪、人間と非人間の間で「AでもないBでもない」と孤独な悩みに直面していた。そして、私たちの多くは、ヒーローが悩みに立ち止まる姿や、悩みを乗り越えていく姿にこそ、親近感と共感を覚えたはずである。

ODAの現場もまた、相手があるからこその失敗や苦悩・葛藤がつきものであり、「楽しく・わかりやすい」ことばかりではない。そのような失敗や苦悩・葛藤を乗り越えるために、ODAの現場で求められるのが、目に見えないもの・描かれていないものを想像する力、つまり「違った可能性を想う力」である。そして、その力こそが、「援助するもの・されるもの」の間に構造化される上下関係を問う原動力にもなる。

ODAマンが、単に人々のいまのODAに対する想像を促すだけの「楽しく・わかりやすい」キャラクターに留まってしまうのはもったいない。多様な相手国がある場合の支援の「難しさ」は、ODAを含む国際協力ならではの特徴でもある。その特徴をベールに包んでしまうのではなく、ODAマンの強みである「楽しく・わかりやすい」語りで明らかにしていくべきである。それこそがより一層、国民とODA、ひいては国民と国際協力、国民と世界の国々との距離を縮めるための秘策である。

ODAマンは、ODAには、私たちの目に見える「楽しく・わかりやすい」だけではなく、その背後に広がる世界の奥深さがあるのだということをもっと匂わせてくれるヒーローとして活躍できる可能性がある。そして、ODAを通じて、私たちに見えないものや「違った可能性を想う力」の大切さを教えてくれるヒーローとしての可能性が秘められているように思う。

5 飛べ、ODAマン!

これまでみてきたように、ODAマンを登場させたのは、ODA予算の支えとなる国民の理解が不十分であるという政府の認識である。その意味で筆者は、ODAマンは外務省から生まれた分身として、ODAと国民の「距離を縮める」役割を担っていると捉えた。

しかし、政府の考える援助像に歩み寄りすぎることは、長い目でみると国際協力の世界を豊かにすることにはならない。それは、政府の用意する枠組みの中でしか、イメージは膨らまないし、何より想像力を使って遊べるスペース(以下「想像が遊べる余白」とする)がないからである。彼が国境を越えたときに受けた「なぜヒーローなのにしかめっ面をしているのか」という相手国機関からの想定外の質問のように、相手の具体的な顔があってこそ「想像力=違った可能性を想う力」は育まれる。

想像力は、与えられたものを飲み込むことではなく、自分なりに違い（ギャップ）に気づいて、「そうではないかもしれない」と思う心の働きから始まる。そのためには、「ODAは感謝されている！」とODAマンがいうとき、その言葉を鵜呑みにするのでもなく、また拒絶するのでもない。私たちが本来もっているはずの、その言葉の向こうにある背景などを慮る力（＝想像力）を促してくれるような、語りかけも必要だ。

思い返せば、筆者が国際協力の世界に興味をもったのも、小学校低学年の時に手に取った『マザーテレサ』の伝記マンガであった。見たこともないインドという遠く離れた国で、恵まれない人々のために全てを捧げる彼女の生涯には、幼いながら誰もができることではないと思った。と同時に、マンガの中に描かれていた、栄養不足でお腹が膨らんでしまっている同い年くらいの子どもたち、道端で亡くなっていく人々の絵には、ショックを覚えた。

北海道の田畑に囲まれたのどかな田舎町で、衣食住に困ることなく、毎日楽しく学校へ通っている「私」と、この遠く離れたインドという国で過酷とも思える日々を送っているかもしれない「彼ら」。「この違いは、どこから来るのだろう?」と、幼心に思ったことをいまでもはっきりと覚えている。

たった数コマであったが、そこに描かれた具体的な相手の顔は、インドという国が抱える貧困問題は、他にもたくさんの国で起きていること。また世界には貧困という問題だけでなく、いまだに紛争や戦争をしている国があること。それによって、住む場所を追われてしまった難民と呼ばれる人々が多くいること。自分が知らないだけで、自分には見えていないだけで、世界ではいろいろな問題が起きているのだということを知るきっかけを与えてくれた。たった数コマが筆者の「想像力」に働きかけて見せてくれた世界は、自分が思っていたよりも、ずっと広くて深いものだったことに、大人になったいまはっとする。

マザーテレサのような慈善的活動をはじめ、開発途上国とされる国々への働きかけが、国際協力や開発と呼ばれるフィールドに含まれる活動であると知るのは、もう少し大きくなってからになる。しかし、この数コマの絵が語っていない部分に残された「想像が遊べる余白」（語られることによって見えたり・感じることができる世界と、それでもまだ見えない・感じることができない世界の「間」に生まれる「余白」部分で、様々な想像やイメージを膨らませることができたこと）こそが、私を国際協力の道へと導いてくれたといっても過言ではない。

そして、それから四半世紀経ち、実際にこの道に足を踏み入れてみて感じるのは、国際協力の現場は、想像力を育むための「余白」の宝庫だということである。他章でも議論されたように、世界を舞台とする国際協力の現場には、まだ語られていないこと、見えていないこと、光が当てられていないことがたくさん眠っている。ＯＤＡマンも、まだ語っていない物語をたくさんもっているはずである。

２０２０年に世界を襲った新型コロナウイルスの感染拡大は、日本のＯＤＡの強みの一つでもある、専門家の現地派遣を通じた技術協力にも大きな影響を与えた。また日本の国際協力の柱でもある、青年海外協力隊やシニア海外協力隊も、71か国１７８５人全員が一時帰国を余儀なくされただけでなく（『朝日新聞』２０２０年3月18日）、新規派遣の募集を延期や中止にせざるをえない状況が続いている。この

図5-4　「想像が遊べる余白」とODAマン

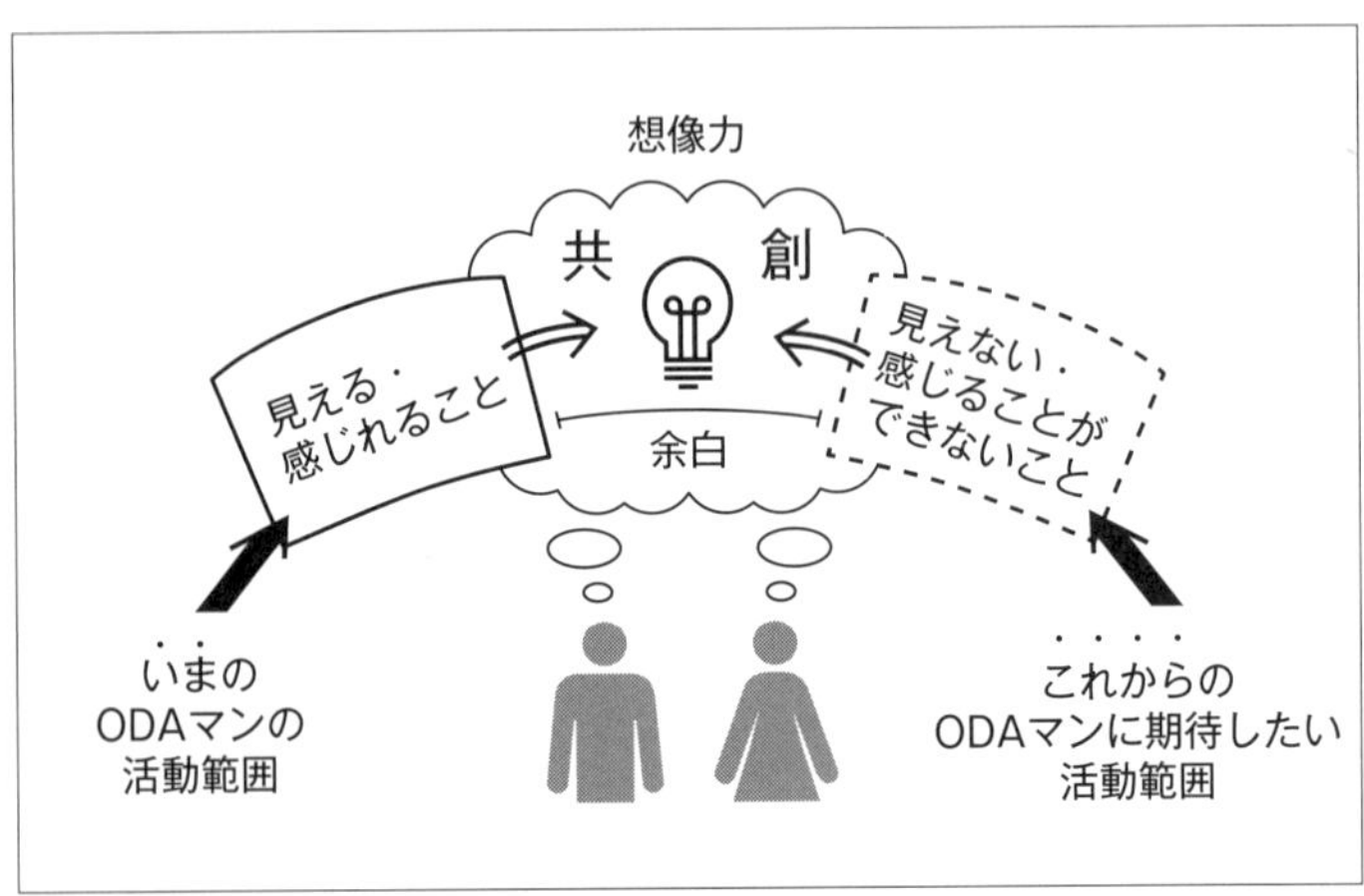

出所：筆者作成

ような事態も踏まえると、いまのODAを代弁し、ODAや国際協力のイメージを固めてしまうのではなく、イメージの受け手である国民が、これからのODAや国際協力を想像できる「余白」を意識した語りかけをすることも、より一層重要となってくるだろう。

ODAマンの次なるステージでの役割は、ODAと国民の間の距離を縮めた先で、「想像が遊べる余白」という空間へと、私たちを導くことなのかもしれない。ODAマンには、イメージの共有をこえた「余白」という空間で、ODAと国民が出会い直し、国際協力という世界が人々の想像力を育んでいく「共創」の過程を見守っていてほしい（図5-4）。

それは、冒頭に述べた通り、教育という枠組みや新たな予算獲得という縛りから自由な、ODAマンだからこそ担える役割である。その身軽さを活かし、もっと自由に飛び回り、私たちに想像力の種を蒔いてほしい。もっと飛べ、ODAマン！

参考文献

●日本語

イースタリー、ウィリアム著、小浜裕久・織井啓介・富田陽子訳（2009）『傲慢な援助』東洋経済新報社。

オアー、ロバート・M・Jr.著、田辺悟訳（1993）『日本の政策決定過程──対外援助と外圧』東洋経済新報社。

大山貴稔（2019）「戦後日本における ODA 言説の転換過程──利己主義的な見地は如何にして前景化してきたか」『JICA研究所 日本の開発協力の歴史 バックグラウンドペーパー』第8号。

外務省（1962）「昭和37年版 わが外交の近況」第6号。

外務省（1964）「昭和39年版 わが外交の近況」第8号。

外務省（1980）『経済協力の理念──政府開発援助はなぜ行うのか』外務省経済協力局。

外務省（1996）「平成8年版 外交青書」第39号。

外務省（1998）「21世紀に向けてのODA改革懇談会」報告書。

外務省（2002）「平成14年版 外交青書」第45号。

外務省（2015）「ODA（政府開発援助） 国際協力60周年について」https://www.mofa.go.jp/mofaj/gaiko/oda/annai/60th/index.html（最終アクセス：2020年11月22日）

外務省（2016）「中小企業向けの海外安全対策マニュアル」。

外務省（2019a）「鷹の爪団が解説する！『ODA読本』1巻」。

外務省（2019b）「鷹の爪団が解説する！『ODA読本』2巻」。

キャラクターマーケティングプロジェクト（2002）『図解でわかるキャラクターマーケティング──これがキャラクタ

ー活用のマーケティング手法だ！』日本能率マネジメントセンター。

行政刷新ワーキンググループ（２０１０）「事業仕分け」

経済団体連合会（１９６４）「『海外経済協力』強調運動について」『経団連週報』第６４１号、９頁。

国際協力機構（ＪＩＣＡ）（２０１９）『国際協力機構史　１９９９〜２０１８』。

国際協力推進協会（ＡＰＩＣ）（１９９２）『目でみる援助プロジェクト　マンガＯＤＡ物語』、外務省編集、国際協力推進協会。

国際協力推進協会（ＡＰＩＣ）（２００１）『開発教育・国際理解教育ハンドブック――国際社会でも活躍できる日本人をめざして』国際協力推進協会。

越川靖子（２０１３）「キャラクターとブランドに関する一考察――地域振興とゆるキャラ発展のために」『湖北紀要』第34号、１６１-１７６頁。

宣伝会議デジタルマガジン（２０１９）「新しいメディアの教科書」https://mag.sendenkaigi.com/feature/senden/sk201905/（最終アクセス：２０２１年1月15日）

ベルント、ジャクリーヌ（２００７）『マンガの国ニッポン――日本の大衆文化、視聴文化の可能性』花伝社。

モヨ、ダンビサ著、小浜裕久監訳（２０１０）『援助じゃアフリカは発展しない』東洋経済新報社。

Ha Thi Lan Phi（２０１５）「日本のマンガがベトナム青少年の成長に与える影響」『専修大学社会科学研究所月報』６２１号、38-58頁。

NIKKEI STYLE（２０１８）「なぜ『ゴルゴ13』？　外務省・海外安全マニュアル」https://style.nikkei.com/article/DGXMZO27300020T20C18A2000000/（最終アクセス日：２０２０年5月20日）

●英語

Keller, K.L.（1998）*Strategic Brand Management: Building, Measuring, and Managing Brand Equity*, Prentice Hall（恩蔵直人・亀井昭宏訳『戦略的ブランド・マネジメント』東急エージェンシー、２０００年。）

Lambert, W. E., and Klineberg, O. (1967). *Children's views of foreign peoples: A cross-national study*. New York, NY: Appleton-Century-Crofts.

Lindgren, W. (2020). "Win-Win! With ODA-man: Legitimizing Development Assistance Policy in Japan," *The Pacific Review*, 80(1), pp.10–15.

Paul, Grabett. (2007) *Manga: 60 Years of Japanese Comics*, Laurence King Publishing Ltd.

第6章

イランで難民支援を呼びかける

模範的な政府、模範的な発信

小島 海

想像力は後から分析した結果、そこにあるように見えるだけでなく、本当に国際協力の現場に存在するのだろうか。存在しているとすれば想像力はどのように使われ、どのような役割を果たしているのだろうか。本章では、筆者が国際機関の職員（執筆当時）として、イランで実際に手掛けたアフガニスタン難民に対する支援を呼びかけた例を通じ、想像力が現場で果たす役割と、想像力が国際協力の可能性を広げていける力を明らかにしていきたい。

イラン政府は世界でも先進的とされる模範的な難民支援政策を行っています。政治・経済的に困難な状況にあるにもかかわらず百万人に及ぶ難民に対して無償の基礎教育や基礎保健を提供しています。したがって、イラン政府に対して支援を行うことは国際的な責任の共有という点で重要です。

1 得られなかった支援

国連難民高等弁務官事務所（United Nations High Commissioner for Refugees：ＵＮＨＣＲ）は、世界中の難民の保護および支援に取り組む国連機関の一つである。故郷を追われた人々の人権、生活の安全が守られるよう、１３０カ国以上で1万２０００人を超える職員が活動している。その年間41億ドル（２０１８年）に及ぶ活動資金のほぼ１００％を政府からの拠出金や、民間からの寄付に依存しており、資金の調達を世界中で行っている。

筆者はＵＮＨＣＲの現場事務所の一つであるイラン事務所において２０１７年から2年間、２０１９年からはアフリカ北部のモーリタニア事務所でこの資金調達を手掛けた。[*1] 具体的には、現場のニーズを提案書にまとめる資金申請書や、事業の進捗と事業後の成果を説明する報告書の作成、資金を拠出・寄付するドナーとの交渉、ソーシャルメディア用広報文書の作成といった、様々な発信に携わっていた。冒頭の引用はその発信の一つとして、イランで民間企業を対象に、難民への支援の取り付けを目的として行った会議において行った説明である。この呼びかけに対して、ある民間企業から受けた回答は次の通りであった。

イラン政府がそのような政策をとっているとは知りませんでしたし、それは国際社会にもっと知られてよいと思います。ただ、当社は難民という政治的な分野に対する支援は行いません。

会合の呼びかけは、この企業によるイラン政府に対するイメージを変えることに成功していたものの、支援を決めてもらうには十分でなかった。なぜだろうか。メッセージ自体が心に響かなかったのだろうか。民間企業に対して「国際的な責任の共有」を訴えることは効果的だったのだろうか。相手が、難民に対してどのような立場をとっているのか、もう少し調べられたのではないだろうか。

もう少し踏み込めば、この例に限らず、国際機関の発信内容を面白いと思うことは少ないと思う。世界の難民に関するデータや潮流の理解には活用することができても、端的にいえば、その内容は正しすぎるのである。そして、本章を読み進めるにしたがって、読者の皆さんも本章に対して同様の印象をもたれるかもしれない。実際に、執筆当時は国際機関の現役職員であった立場として本章を執筆することは難しいプロセスであったが、その「難しさ」と「正しさ」にこそ本章で扱いたい想像力の存在がある。

＊1　本章における見解は筆者個人のものであり、ＵＮＨＣＲの見解を示すものではない。

この難しさと正しさの間をぬって、本章で明らかにしたいことは、国際協力の現場にたしかに存在する想像力の存在であり、国際協力の可能性をさらに広げてくれる力である。それをみるにあたり、本章は筆者が、イランでアフガニスタン難民に対する支援を呼びかけた経験を元に執筆している。その理由は、筆者の実体験という点に加えて、イランはそもそものイメージが一般的に悪く、「異なる可能性」をみる想像力がさらに必要であったためである。

2 印象の悪いイラン

「イランは行く前と後で最も印象が変わる国の一つ[*2]」と、多くの人が口にする。訪れる人は悪い印象を抱きながら行くものの、ひとたび知ると良い印象に変わるということである。筆者も、２０１７年10月から２０１９年９月の２年間、首都テヘランでの生活をし、その通りの経験をすることになった。それではこの悪い印象とはどのようなもので、なぜそれを踏まえておくことが必要なのだろうか。

日本人がイランに対してもつイメージを調査した研究がある（杉山 ２００９）。同研究は、個人が旅行先を選ぶ際にその国に対してもつイメージが影響を与えていることに着目し、イラン向け旅行パッケージを販売している旅行代理店22社の20代〜60代の男女２７４名の顧客を対象にイランに対するイメージを調査した。具体的な質問として聞いたのが、「ペルシャ」と「イラン」という単語それぞれがもつイメージである。イランは１９３５年に国名をペルシャからイランに変更しているため、これらの二つの名称は、実際はまったく同じ国・地域をさしている。同調査が明らかにしたのは、イランのイメージは1位から順番に、戦争、イスラム教、石油（産油国）、恐怖・不安、危険、ペルシャのイメージは絨毯、猫、歴史ということである。したがって、イメージの良さから、16社の旅行会社が広報誌でイランを用いず、「ペルシャ」を使用していると回答している。

日本の外務省がまとめる各国の基礎データにおいてもイランの項目は「核問題」「ミサイル開発等」が一番上にあり、どちらも前向きとはいえない。それに複数の用語辞典をみても、イランの説明には、ビル・クリントンアメリカ大統領（当時）による「ならず者国家（rogue state）」としての指定、ジョージ・W・ブッシュ元アメリカ大統領による悪の枢軸国としての指定、核開発疑惑、人権の抑圧、テロリスト支援国家、大量破壊兵器の保有などのネガティブなイメージが並んでいる。[*3] さらにドナルド・トランプアメリカ大統領が2017年に就任して以降、対イラン政策を硬化させると、両者が対立する映像が報道でも頻繁に流れるようになった。

＊2　たとえば、実際にイランに駐在した記者の取りまとめた次のウェブサイトはイランに対するイメージの変化とイランの位置付けをわかりやすく説明している。NHKウェブサイト「アメリカvs.イラン（1）なぜ対立するの？」https://www3.nhk.or.jp/news/special/news_seminar/jiji/jiji14/?utm_int = detail_contents_news-link_001（最終アクセス：2020年2月7日）

ところで支援を呼びかける際に、受け手が悪いイメージをもっていることを踏まえることはなぜ重要なのだろうか。ある政府が、旅行者や用語辞典が説明するような、一般的なイメージに基づいて数千万円から時に数億円にのぼる拠出金の意思決定をしているとは考えにくい。それに冒頭の会合に参加した企業にしてみても、むしろ一般的なイメージの悪さは変えることができており、彼らの意思決定に影響を及ぼしていたのは、彼らのもつ方針であった。それでも、呼びかけにあたり、受け手が悪いイメージをもっているということを踏まえることが重要と考える理由がある。それは、国際協力の世界では、現場と意思決定者が遠いこと、そして経なければならないステップが多いからである。

たとえば、ＵＮＨＣＲがイランにいるアフガニスタン難民に対する支援を日本政府に呼びかける場合である。第一ステップとして、まずは実際に現場にいるＵＮＨＣＲスタッフが現場で必要なことを把握する。第二ステップとして、ＵＮＨＣＲの現場の事務所に持ち帰り、ＵＮＨＣＲの首都の事務所にいるスタッフに伝えるためにまとめる。第三ステップで、ＵＮＨＣＲの首都の事務所のスタッフが、事務所内の情報発信の担当者に伝える。第四ステップで情報は組織の外に出て、日本大使館の担当者に伝えられる。第五ステップとして、日本大使館内で意思決定のプロセスを通過し、第六ステップで情報はイランを離れ、東京に伝わる。このように単純化して挙げただけでも六つの階層の人の頭とプロセスを通過する。ステップごとに階層内での意思伝達のプロセスがあるため、実際にはさらに多くの人が関わっている。加えて、各段階での意思決定者・担当者はイランのアフガニスタン難民のことだけを考えているのではない。大使館内であれば政治、経済、そして文化など多くの課題の中の一つにすぎないし、東京では世界中の難民問題の一つにすぎなくなる。

このように情報は、ステップを経るたびに、支援する対象（この場合はアフガニスタン人）を離れ、組織（UNHCR）を離れ、そして国（イラン）を離れていく。多くの意思決定に携わる人は対象と関わることなく、多くの課題の中から限られた時間で対象の様子を解釈し、次の相手に伝えていかなければならない。ここに一般的なイメージを踏まえておくことの重要性がある。すなわち、「多くの意思決定に携わる人」は、イメージを変える機会に接することがない中で、限られた情報をもとに判断をしていくのである。したがって、支援を呼びかける際には、自分がイランにいるために乗り越えている悪いイメージを、情報の受け手が乗り越えていないことを踏まえることが意味をもつのである。

3 イラン政府の模範的な難民政策

一般的に悪いイメージがあるイランであるが、その難民政策は世界において実は模範的なものである。

＊3　1994年1月のビル・クリントン元米大統領の演説において使われた用語。アメリカが国内で人権を抑圧し、テロリストを支援したり大量破壊兵器を保有しようとしたりしているとみなす国家を指す。クリントン政権下ではイラク、イラン、北朝鮮、リビア、シリア、スーダン、キューバの7か国が指定された。ジョージ・W・ブッシュ元大統領は、2002年年頭教書演説において特にイラク、イラン、北朝鮮を名指しして「悪の枢軸（axis of evil）」と呼んだ。（集英社時事用語辞典：https://imidas.jp/genre/detail/D-104-0018.html（最終アクセス日：2020年3月4日）。

まずは、筆者が２０１７年10月にＵＮＨＣＲイラン事務所で働きだして間もなく、ドナーに提出する文書を起案した際に上司から受けた修正を紹介する。[*4]

（筆者の文案）「イランにおいてＵＮＨＣＲは難民の子どもに対する教育を支援する」
（上司の修正）「イランにおいてＵＮＨＣＲは、イラン政府が実施する難民の子どもに対する教育を支援する」

この修文後の文書はあるドナーに提出され、無事に寄付を受けることになったのだが、この上司による修正こそがイラン政府による政策の特徴を端的に表している。つまり、教育機会を提供しているのはイラン政府であり、ＵＮＨＣＲはそのイラン政府を支援するということである。

ここでいったんイランを離れ、視点を世界の難民支援の潮流に移すと、イラン政府による政策が模範的な理由が浮かび上がる。２０１９年、世界人口の実に1％に上る７０００万人が強制的な移動を強いられた。これらの移動を強いられている人々を保護していくための国際的な取決めが、２０１８年に国連総会で採択された、難民に関するグローバルコンパクト（Global Compact for Refugees：ＧＣＲ）である。ＧＣＲは、過去数十年間の難民保護、そして難民を受け入れるコミュニティ支援の経験を踏まえて難民支援のあるべき姿や方法を示している。その中心であり模範とされる考え方の一つが、難民が庇護を求め、滞在するホスト国が、難民に対して自国民と同等の権利を与えたり、サービスを提供したりするインクルーシブな政策である。

このインクルーシブな政策を実施していることが、イラン政府が難民保護に関して模範的なゆえんである。アフガニスタン、イラクと国境を接するイランは、2018年時点で、世界で6番目に多い難民を国内に抱えている。政府によって登録された難民数は、アフガニスタン難民が約95万人、イラク難民が約2万人と合計100万人近くに上る。アフガニスタン人に関しては、この95万人の認定された難民に加えて、約150万～200万人が法的手続きを経ずに入国し居住・滞在しているといわれている。この150万～200万人の中には労働機会を求めて入国したアフガニスタン人に加えて、一定数の国際的な庇護を求めている人が含まれているといわれている。それに加えてアフガニスタンのパスポートにイランの査証を有する通称「パスポート保持者」といわれる滞在者も45万人程度いる。このうちの多くは、もともとは難民であり、事業や学業上の必要性から在留資格を切り替えて、イランに定住しているアフガニスタン人である。

イランの全人口が約8000万人であるから、合計360万人近いアフガニスタン人は総人口の4.5%に上る。人数の多さに加えて、期間も長い。アフガニスタン難民の発生は、1979年のソビエトによるアフガニスタン侵攻に端を発しており、イランはすでに40年を超えて難民を国内に保護している。イランで生まれ育った3世、4世では、アフガニスタンに行ったこともない層も多い。これだけの数の

＊4 一部を修正したうえで例文として掲載している。

アフガニスタン人のイランにおける暮らし方も特徴的である。イランにおけるアフガニスタン難民の97％は、いわゆる隔離された難民キャンプではなく、都市やその周辺部に、イラン人とともに、イランの生活インフラを使って暮らしている。

そして、このアフガニスタン人に対するイラン政府による扱いこそが修文のキモとなる、イ、ラ、ン、政、府、が実施する政策である。たとえば保健分野である。イラン第六次国家開発計画は、難民を国民健康保険の対象とすることを明記し、２０１４年以降、保険料を支払えば、すべての難民が公的保険制度の恩恵を受けることができるようになった。それに加え、イラン国内のあらゆる人々に対して、妊婦健診や乳幼児健診、指定された予防接種等の基礎的医療が無料で提供される。日本のように、市町村により対象となる接種内容が異なったり、証明書が必要であったり、市町村外で接種すると自己負担となるということもない。難民認定されているアフガニスタン人はもちろんであるし、正式な手続きを経ないで入国しているアフガニスタン人も同じように接種を受けることができる。基礎教育も同様である。イランの最高指導者は、２０１５年に難民を含むすべての就学年齢の子どもに対して初等・中等教育を無料開放することを宣言し、２０１６年に各学校が追加料金として課していた「難民料金」を徴収することを禁止した。これを受けてイランの公教育はのべ15万人を越えるアフガニスタン人を受け入れている。さらに、職種の限定はあるものの、就労査証を獲得することも可能である。内務省難民局のウェブサイトには、アフガニスタン難民の医師のサクセスストーリーが掲載されているし、３００人を越えるアフガニスタン人およびイラン人を雇用する服飾ブランドを立ち上げたアフガニスタン人の経営者もいる。

人の移動には必ず複雑な背景があり、それはアフガニスタンとイランにおいても同様である。イラン政府がアフガニスタン人を受け入れる背景には、政治的、経済的な相互関係、言語的・文化的背景、そしてイスラムの教えなど様々な理由があり、必ずしも善意だけではない。経済的なつながりはその中でも大きい理由の一つである。アフガニスタン人はイランの一次産業を支える安価な労働力となっているとともに、イランへの出稼ぎはアフガニスタン人の収入源となっている。アフガニスタン人は勤勉でよく働くとして特に建設業や農作業に好まれてイラン人に使われており、実際にイランの週末にあたる木曜日や金曜日にも建設現場で見かける労働者はその多くがアフガニスタン人である。イラン人もそのすべてがアフガニスタン人に対して友好的というわけではなく、難民に対する差別も存在する。

様々な理由はあれど、国際的な悪いイメージ、それに起因する経済的な困難の最中にあっても、100万人を超えるアフガニスタン人に対して社会サービスを提供し続けてきたことが、イラン政府が模範的とされるゆえんである。

4 呼びかけの言葉を作る

ここまでで、イランにおける難民支援を呼びかける際は、呼びかけ相手がもつ前提を踏まえることが重要であり、イランの場合その前提のイメージが悪いものであることをみてきた。それでは、模範的な難民支援を続けるイランに対する支援を得るためにはどのような呼びかけが必要なのだろうか。本章の冒頭の会合は、相手がイランに対してもつイメージを変えることには成功したが、支援を取り付けるまでには至らなかった。単に呼びかけるだけでなく、行動変容をもたらすにはどのような発信が必要だったのだろうか。

個別の呼びかけの前提にあるのが、組織全体としての発信戦略（Communication Strategy）である（UNHCR 2015）。この戦略はＵＮＨＣＲのコミュニケーションの目的を五つ定めており、それは次のとおりである。第一が世界における難民問題に関するメディアカバレッジの促進、第二が大規模な難民受入国に対する支援の取り付け、第三が持続的な公的、政治的、および財政的支援の取り付け、第四がＵＮＨＣＲ、パートナー、ドナー国の支援に関する啓発の強化、第五が一貫性のあるポジティブなＵＮＨＣＲイメージの形成である（UNHCR 2015）。この戦略を基本として、本部、および現場事務所が目的に応じて情報を発信している。したがって、情報発信とひとくちに言っても、メディアの関心を喚起するメディアブリーフィング、理事会における対外交団に対する発信、幅広い層を狙うイベントやキャンペーン、個別のドナーを対象とした交渉に近いものなど、呼びかけ相手の関心と目的に合わせて呼びかけ内容は大きく異なる。その例を三つみてみよう。

まず、目的を幅広く一から五とするＵＮＨＣＲの主要な広報文書であるグローバルアピールがある。これは、政府、民間、学識者、実務者など幅広い読者を想定しており、予算、事業、および統計に関する情報を発信している。幅広い関心に対応できるよう、地域別ニーズ、課題別ニーズ、成果、ＵＮＨＣＲ組織改革の進捗状況、各国政府が報告義務のある持続可能な開発目標（Sustainable Development

Goals：ＳＤＧｓ）への貢献にＵＮＨＣＲがどのように取り組むか等、包括的に情報を発信している。２０２０―２０２１年版の表紙の写真ではイラクで保護されたシリア難民の女性が座り、背景には白いテントが映る。伝えられるイメージは、いわゆる難民そのものである。

二つめは民間を対象に発信する情報である。２０１８年、ＵＮＨＣＲの総収入のうち約10％が民間からの寄付であった。その重要性は増しており、２０２５年にこの寄付の割合を25％まで増やすことを目標としている（UNHCR 2018）。さらに資金の寄付だけでなく、難民に対する就労機会の提供や研修の実施など民間企業にしかできない支援もあることから、ＵＮＨＣＲは積極的に民間企業との連携を進めている。たとえば、２０１９年12月17日、18日に、第3節で述べた難民に関するグローバルコンパクトのお披露目を目的とする第1回グローバル難民フォーラムがジュネーブで開催された。この会合では、民間企業・団体を対象としたセッションが含まれ、50以上の民間企業・団体が招待された。ちなみに、日本企業ではファーストリテイリングや富士メガネがリストに名を連ねていた。このセッションでは、レゴ、イケアといった難民支援に積極的な企業も登壇し、研修や雇用機会の提供といった民間企業・団体ならではの難民に対する支援を行うことを表明した。会場を飾るポスターには、難民が庇護を受けた国で仕事をもち、笑顔で写っていた。民間企業・団体とのパートナーシップを目的としたウェブサイトは、ＵＮＨＣＲがどのような団体であるか、そしてＵＮＨＣＲに支援することがどのように民間企業・団体の使命達成に貢献できるか説明している。[*5] また、ＵＮＨＣＲの日本における寄付集めの公式窓口である国連ＵＮＨＣＲ協会のトップページには、「寄付は税控除の対象となります」と、明記されている。

三つめの例がイスラム教徒を対象にした発信である。[*6] 財産に余裕のあるイスラム教徒は毎年必ず財産の一定比率を、貧しいものの救済のために寄付しなければならない喜捨（ザカート）と呼ばれる義務がある。このザカートを難民支援に向けてもらうのが、ＵＮＨＣＲが実施するザカートキャンペーンである。したがって、ザカートキャンペーンは、まず難民への寄付がイスラム教徒としての義務遂行に貢献できることを呼びかけている。そしてコーランや宗教界が定めるルール、たとえば仲介者（この場合はＵＮＨＣＲ）が手数料を取らず寄付金額の１００％が難民に届けられるというルールに準拠していることを説明している。ザカートキャンペーンのウェブサイトには、宗教指導者が顔写真付きで、難民に対する寄付がイスラム教徒としての義務達成につながると説明している。

これら三つの例はどれも難民に対する支援の呼びかけであるが、そこで伝えられているイメージはそれぞれ大きく異なる。政府であれば、メッセージは国際社会の一員としての責任、各国政府が国連に対して報告義務のあるＳＤＧｓ達成への貢献となる。民間企業・団体に向けた呼びかけであれば、使命の達成や、行動を起こしたことで得られる企業に対するメリット、たとえば、減税措置へと変わる。さらに、対イスラム教徒であれば、宗教上どのように位置付けられるかが説明される。このように、呼びかけの言葉は対話相手を想像して作っていくのである。

この対話相手を想像するという点を、イランにおけるドナーからの資金調達に視点を戻しみてみよう。呼びかけには様々な目的があることは先に述べた通りであるが、ドナーからの資金調達はその中でも重要な目的の一つである。

ドナーがＵＮＨＣＲに対する拠出金を意思決定する方法は多岐にわたるが、多くの場合、ＵＮＨＣＲは事業の提案書（プロポーザル）を提出し、それがドナーに承認されれば、資金提供を受けることができる。提案書で求められる内容はドナーによって大きく異なり、前掲のグローバルアピールを提案書とみなす政府・機関がある一方、個別の事業を詳細に説明した提案書が必要となる場合もある。その分量も、数ページの場合もあれば数十ページに及ぶ場合もある。いずれにせよ、重要な点はこれまでみてきたとおり対話相手を想像してプロポーザルを作成することである。たとえば日本政府、ヨーロッパ、そして民間団体と三つのドナーの例をみてみよう。

日本政府は、対イランの政府開発援助の基本方針を、「イランの国家開発計画に沿いつつ、日・イラン経済関係強化に資する、日本企業・製品進出の呼び水となるような開発協力を実施する」と定めている。具体的な開発課題として、①安定かつ質の高い経済成長の促進、②レジリエントな社会の形成、③自然環境保全・環境汚染対策・地球温暖化対策、④国際社会や周辺地域との関係強化の四つを掲げている。特に④はさらに詳細に、「アフガニスタンの持続的な安定を維持し、それと一体をなす開発を促進するた

＊５　ＵＮＨＣＲウェブサイト〈WHY UNHCR〉。https://www.unhcr.org/private-sector-supporters.html#why（最終アクセス日：２０１９年12月31日）

＊６　ＵＮＨＣＲ　Ｚａｋａｔウェブサイト。https://zakat.unhcr.org/en

めに必要不可欠であるアフガニスタン政府自体の能力の構築・強化及び周辺地域との関係強化に重点をおいて支援を実施していくとともに、イラン国内のアフガニスタン難民に対する支援を行う」としている（外務省 2017）。

次にヨーロッパである。欧州委員会（European Commission）の一部局で人道的な支援を行う欧州市民保護・人道支援局（European Civil Protection and Humanitarian Aid Operations：ＥＣＨＯ）も毎年、人道実施計画（Humanitarian Implementation Plan：ＨＩＰ）と呼ばれる、地域・国ごとの支援方針を定めた文書を策定している。同文書によるとＥＣＨＯは、正式な手続きを経ないで入国しているアフガニスタン人（Undocumented）をイラン支援の重点にしている。

> イランはアフガニスタン難民の最大の受入国で、約400万人のアフガニスタン人を受け入れている。このうち約100万人が認定されたアフガニスタン難民であり、公的な支援を受けることができる。一方で、国内の300万人のアフガニスタン人は不法滞在の地位にあり、法的地位も公的支援に対するアクセスもない（ECHO 2019, 筆者訳）。

それに加えて、ＨＩＰは何をやらないかも記載している。たとえば前掲のイランの国民保険に対する支援は、人道支援から開発支援の段階に入っているため、今後、ＥＣＨＯは支援を行わない、と明記している。

表6-1　ドナーによるイランにおけるアフガニスタン難民支援の目的

ドナー	日本	ECHO	Educate A Child
目的	国際社会や周辺地域との関係強化	不法な移民による期待を下げる	子どもを学校に戻す

出所：筆者作成

民間団体の例を見てみよう。UNHCR最大の民間ドナーである、カタールのEducate Above All財団が実施する、Educate A Child Programme（EAC）の事例である。この団体が掲げるプログラムの目的は以下の通りである。

（EACは）世界において教育の機会を奪われている子どもたちを劇的に減らすことを目指している。世界では6400万人の初等教育就学年齢にある子どもたちが教育の機会を奪われている。これらの子どもたちは多くの場合、非常に貧しい状況におかれている。戦争や自然災害により影響を受けたりしている子どもたちだけでなく、都市スラムや地方部に住む子どもたちもいる。[*7]

EACはその活動を通じ、1000万人の子どもたちを学校に戻すことを目的としているが、その子どもたちが難民であるかどうかは、支援の条件にはなっていない。

＊7　Educate A Child ウェブサイト。https://educateachild.org/about（最終アクセス：2020年2月27日）

表6-1は例示した三つのドナーがイランのアフガニスタン難民を見る視点である。イランにおけるアフガニスタン難民支援という同じ現象を見る視点はドナーにより大きく異なる。したがって、呼びかけの言葉を作る際には、これらの関心をもとに想像力を発揮することが重要になる。たとえば、対日本であれば、UNHCRによるアフガニスタン難民支援を通じた日本に対する認識の強化となる。ECHOであれば、難民のイランでの生活を安定させることでさらなる移動のリスクを減らすことができることになる。EACについては、イランの学校システム全体を支援することで、イラン人、アフガニスタン人双方の子どもを学校に通わせられるようになる、という点が重要になる。また、筆者が支援を得ることができなかった冒頭の会合においても、より相手の方針に対して想像力を働かせ、イラン政府が何をしているかに加えて、UNHCR支援の中立性をより説明すべきだったのかもしれない。

5　「正しい」発信

想像力は、情報の受け取り側の土俵に立ち、相手の考えと自分たちの活動をつなげその接点を見つけるという点で重要な役割を果たしている。すなわち、イランはそもそも「悪い」イメージをもたれていること、アフガニスタン難民に対して異なる見方をもっていることを考えさせてくれるのが想像力ということである。それでは、実際に、想像力を働かせたメッセージはどのような形をしているのだろうか。

自国を取り巻く経済状況にもかかわらず、イラン政府は近年導入した難民に対するインクルーシブな政策を継続することにコミットしています。これらは、イラン国内に居住する外国籍の子どもに対する公教育への登録、難民に対する国民皆保険の開放、一時就労許可発給による労働機会を提供しています。UNHCRはパートナーとともに、政府が実施するこれらの賞賛すべき努力、そして国家制度の強化およびインクルーシブ政策の実施を支援します。

（UNHCR 2020，筆者訳）

本章を通じて呼びかけの際に重要な想像力の重要性を明らかにしてきた一方、実際のメッセージはそれぞれの情報の受け手ごとに大きく異なるわけではない。その理由は、メッセージを送り出す前にまた別の角度から想像力を使っているからである。

まずは、組織としての存在意義・役割（マンデート）に関わる点である。UNHCRは難民保護・支援のために設立された人道機関である。人道機関は、人道原則、公平原則、中立原則、独立原則を原則とし活動している。逆にいうとこれらの原則に反する支援を行うことはできない。つまりイランや、アフガニスタン難民が政治的・経済的にどのような立場にあろうとも、呼びかける相手が誰（たとえば日本、ヨーロッパ、民間団体）であろうとも、支援する理由は変わらないのである。

それに加えて人道機関はDo No Harm（害を与えてはならない）という原則もある。これは、たとえ善意に基づいていたとしても、あらゆる支援が害を支援対象に与える可能性があることを支援者に問いかけさせ、必要であればその支援をやらない判断を求める原則である。たとえば、支援の呼びかけに有効とされる手法としてヒューマンストーリーがある。これはある一人の難民や家族の具体的な難民となった背景、具体的に困っていること（子どもに学ぶ機会を与えたい、仕事をもちたいなど）に焦点を当てて支援を呼びかける方法である。ヒューマンストーリーは、難民のために支援を得るという善意に基づく目的のもと書かれるが、十分な配慮が必要である。そもそも、難民とは何らかの理由で祖国を離れざるをえなかった一人ひとりの存在であるため、呼びかけの題材とされること自体が命の危険になることもある。写真を使うことで、所在地や現在の様子がわかるようになってしまうこともある。ドナーから支援を受けて生活が向上した写真を使うことで、周囲から妬みを受けることもある。

このようにして、伝えたいメッセージ、ドナーの関心、リスク管理、そして難民に対する配慮といった幾重もの想像力の結果形成されるのが、「正しい」呼びかけである。つまり「正しい」呼びかけの言葉は事実を表面的に表現した結果ではなく、想像力を駆使した、深い意味をもっているのである。

6　イランで難民支援を呼びかける

一度だけ想像力をテーマとした研修を受けたことがある。筆者がキャリアを始めたのは国際協力機構（ＪＩＣＡ）であったが、新人職員にまず課せられていたのが「想像力を鍛える」ことであった。これはＵＮＨＣＲで難民高等弁務官も務めた緒方貞子氏がＪＩＣＡの理事長に着任し、新人職員を一定の期間、途上国の現場に派遣し、国際協力の対象となる現場に対する想像力を鍛えることを課したのである。実際にすべての新人職員が1年目に青年海外協力隊の活動補佐、プロジェクト専門家のかばん持ち、カウンターパートとの交渉の記録など、まさに途上国の現場に張り付きそこで何が起きているのかを直接体験する。この一環で、筆者も8か月間、インドの現場に身を投じた。

「想像力を鍛える」ことから始まった筆者のキャリアはその後14年になるが、常にその役割を実感し続けてきた。遠くの相手に情報を送り出し、意思決定をしてもらうためには、情報の受け手や組織の意思決定の仕組みなどに想像力を巡らせることは、不可欠である。とはいえ、自らへの反省も込めて、様々な仕事に追われる中、相手に対して想像力を伸ばしたり縮めたりできる時間的余裕は少ない。また、追われているうちに、想像力自体が自身を正当化したりするように働くこともある。

イランにおける経験を通じて考える健全な想像力とは次の二つの側面がある。一つは発信のプロセスにおいて自身の存在意義・役割、そして難民の保護のために、バランスをとってメッセージを形成する力である。イランでいえば、発信相手がどのように難民を見ているか――それは政治的な視点なのか、あくまで教育の視点なのか、そもそも人の移動の視点なのか――を正しく分析しメッセージを形成する力である。もう一つの側面は発信後の意思伝達のプロセスにおいて、情報の受け手の状況を想像すること――相手は組織においてどのような位置付けなのか、タイミングは適切か、等である。

最後に、難民支援をより効果的に呼びかけていくために必要なことを次の三点にまとめる。第一に、そして最も重要な点は情報を送るために必要な現場における事業を着実に行うことである。情報が氾濫している時代において相手の関心をつかみ、行動変容をもたらすことができるのは具体的な事業があってからのことである。情報の発信はあくまでも手段であり、情報の前提として難民に対して必要なサービスが提供されていなければならない。

第二に必要なことは、全体メッセージと個別の関心に応じたメッセージを継続的に発信することである。その目的は様々な仕事を抱える情報の受け手に、多くのやらなければならない事項の一つにすぎない、イランにおけるアフガニスタン難民支援に対する優先順位を上げてもらうことにある。全体メッセージを通じて一般的な難民支援の重要性を、個別のメッセージを通じてイランにおけるアフガニスタン難民に対する支援がどのように具体的に呼びかけ相手の関心に合致するかを、継続的に呼びかけていくことが効果的である。

第三に、呼びかけのそもそもの目的にかえることがある。呼びかけの究極の目的は、難民に対する支援の取り付けである。もちろん、支援にも呼びかけにはコストがかかるためそれ相応の収入を組織として得る必要はあるが、支援は必ずしもＵＮＨＣＲを経由しなくてもよい。もし、冒頭の民間企業が他団体の実施する難民支援なら協力できるのであれば、そのための呼びかけをサポートしてもよい。これは、第3節で述べた難民に対するグローバルコンパクトにおいても挙げられている事項である。

本章を通じて伝えたいことは、一見主観的であいまいに見える想像力が実務の現場でこそ必要なものであるということである。「正しい」発信の裏には難民に対する支援という目的を達成するために巡らされた多くの思考がある。想像力を適切に発揮した仕事こそがより良い現場作りに貢献すると信じている。

参考文献

●日本語

外務省（２０１７）対イラン・イスラム共和国　国別開発協力方針

杉山維彦（２００９）「観光素材としての『ペルシャ』と『イラン』のイメージ比較調査」『日本国際観光学会論文集』第16号。

●英語

European Civil Protection and Humanitarian Aid Operations（ECHO）Iran Factsheet https://ec.europa.eu/echo/where/asia-and-pacific/iran_en（最終アクセス：２０２０年6月25日）

UNHCR（2015）UNHCR's Communication Strategy

UNHCR（2018）Private Sector Fundraising and Partnerships

UNHCR（2020）UNHCR Global Focus 2020 Planning Summary, Islamic Republic of Iran

第 III 部

「受け手」と「送り手」の交渉

ゆさぶられる国際協力

第7章

住民はコミュニティをどう語るのか

タイの農村開発における住民のイメージ戦略

久留島 啓

国際協力の送り手は、事業の裨益者である住民について、実態より美化して発信することがある。本章では、一方的にイメージの対象とされてきた住民が、インターネットや実際の開発事業を通して送り手によって作られたイメージに対して行なっている働きかけに着目する。偏ったイメージの発信によって見えなくなっていたものは、住民が語ることで見えてくるのか。住民発信の言葉から国際協力の受け手を想像する可能性を検討する。

1 住民が作り出すイメージから考える国際協力

国際協力を実施する国際機関や政府などの送り手は、その受益者である住民を一括りにすることで、その地域全体がプロジェクトに賛成し、全員が裨益しているように見せることがある。しかし筆者は、タイで農村開発の現場に携わる中で、住民を一括りにして語ることは難しく、その多様性を理解しなければ住民が必要とする事業を実施できないということを身をもって感じてきた。

写真7-1は、筆者が2015年にタイ北部チェンマイのH村で現地調査をしていた時に撮ったものである。上は、平地にある北タイの主要民族コンムアンの集落の写真で、住民はコンクリートと木材でできた家屋に住み、多くの世帯でバイクと自家用車を所有していた。一方、下の写真は村の奥地にある少数民族パロンの集落で、多くの世帯がバイクこそ所有していたものの、藁と竹でできた簡素な家屋に住んでいた。この二つの集落は同じ行政村にあり、互いに2㎞しか離れていないが、貧富の差は大きい。集落間でこれほど状況が異なっていても、多くの開発事業では「対象村」という一つの単位で括られてしまうことになる。

開発事業を実施する際に村側の主たる担い手となるのは、しばしばその地域の中でも発言力があり、経済的にも豊かな住民である（Botes and Rensburg 2000）。H村の場合も、外部者がコンムアンの村長の意見を無視して事業を実施することは難しく、住民の多数決を取っても人口が多いコンムアンが有利となる。こうした状況で国際協力の送り手が事業を実施しようとすると、少数派の貧しい住民に照準を当

写真７-１　Ｈ村にある２つの集落

出所：筆者撮影（2015年）

てるためには多くの困難が伴うことになる。

住民の多様な姿を拾う努力は、これまでの国際協力でも行なわれてきたが、発信する時にはイメージの単純化が必要となる。本書の序章は国際協力が善か悪かの極端なイメージに進む傾向を指摘した。現場についての記述も多様性が省かれてしまうことが多い。村の実態を知らない私たちにとって、国際協力の送り手から発信された情報だけが、事業の最終裨益者である住民をイメージする源泉になる。そのため、イメージと実態の間にズレが生じたまま国際協力の裨益者のイメージが定着し、最も援助を必要とする人に向けた事業が実施されにくくなるという問題が起こってきた。

国際協力の受け手である住民は外部者によってイメージされる対象であったが、近年になってインターネットが普及したことで、住民も発信を通じてイメージを作り出す機会をもつようになった。従来の開発においても住民は事業が実施される現場で外部者との交渉を行なってきたが、住民の発信が広く可視化されるインターネットの普及を契機に、交渉の形も変わってきていると考えられる。

本章では、住民自身が実態よりも美化された自分たちのイメージに対して行なっている働きかけを明らかにする。イメージの対象とするのは、国際協力の送り手によって、事業の裨益者を指す概念として実態よりも美化されて作られてきた「コミュニティ」である。これに対し、住民はコミュニティについて、どのようなイメージを発信しているのか。そして、実際の開発事業でコミュニティということばに定着したイメージを住民はどのように利用しているのか。国際協力の受け手と送り手によるイメージを通したやり取りから住民の姿を想像する可能性を検討する。

事例対象は、インターネットの利用者の比率が高く、これまで国内外で住民参加型の開発について数多く議論されているタイの農村である。筆者がタイ北部で実施したフィールドワークのデータと、住民がインターネット上で発信した情報を見ながら、住民によって作られたイメージを国際協力でどのように活かしていくのか考えてみたい。

2 コミュニティ美化の連鎖

■国際協力における「コミュニティ」の定義

コミュニティという言葉には一つの明確な定義がないため、村のような最小の行政単位を指す場合もあれば、それより小さい村内の集団から、地域社会といった広い範囲を対象とすることもある。

社会学ではコミュニティの概念を「血縁・地縁など自然的結合により共同生活を営む社会集団」（マッキーヴァー 2009）という意味で使ってきた。ところが、国際協力や開発の文脈になると、「裨益者の集まり」（Paul 1987）や、「共通の関心や目的に応じて新しく組織化された集団」（World Bank 1996）という人為的なものとして用いられるようになった。政府や援助機関などによってトップダウンで実施されてきた開発事業に、住民が参加する手法が導入されるようになってから、住民を括る一つの単位としてコミュニティが導入された。

国際協力におけるコミュニティは、目的を達成するために作られた小さい集団であるため、行政単位などで括られた全住民を対象とすることは少ない。しかし、文章などでは事業対象地として村名が表記されることが多く（○○村のコミュニティなど）、コミュニティから漏れた人たちがいる実態が見えにくくなってしまう。そうして国際協力の送り手が発信してきた「コミュニティ」は、その対象から外れた人に触れないまま住民を美化した概念として定着していった。

同時に、国際協力の送り手はコミュニティの役割に対して過大に期待したことで、「コミュニティが事業に参加すれば成功する」といった楽観論も生まれてきた。こうした中で、送り手の期待通りに事業が実施されると、住民の意見が軽視されるといった問題や、住民の中でも豊かな人がコミュニティを代表するようになるといった問題が起こった。

■タイ国内における「コミュニティ」を巡る議論

タイではコミュニティ（タイ語で *Chumchon*）の概念を巡ってどのような議論が行なわれてきたのだろうか。タイで「コミュニティの思想」や「コミュニティの文化」といった考えが研究者やＮＧＯ活動家などによって提唱されるようになったのは１９８０年代からであり、１９９０年代後半頃から国の政策にその言葉が取り入れられるまでになった（重冨　２００９）。

タイを対象とした農村研究の中には、元々タイには自然的結合によるコミュニティの要素はほとんどなかったという主張がある。日本とタイの農村を比較したジョン・エンブリーは、日本のタイトな社会に対してタイなどの東南アジアは集団的な結束が弱いルースな社会構造であると指摘した（Embree

1950)。この研究から30年以上経った1980年代からタイにおける「コミュニティの思想」の議論が活発になったことは、その発想が知識人によって後から持ち込まれた概念であると考えることができる。

当初、コミュニティという言葉が示していたのは、農村社会における伝統的な住民共同体である(チャティップ 1987)。「コミュニティの文化」とは、都市とは異なる農村ならではの伝統的な文化を指し、国の進める近代化の対抗概念として位置付けられてきた。そこに、NGO活動家たちは「農民の知恵」と呼ばれる発想を持ち込み、国家による開発に対抗するため、農村のコミュニティを復活させる必要性を主張するようになった。[*1] 日本におけるタイ農村研究の草分け的存在である北原淳は、コミュニティは伝統を復興させるものではなく、政治的な産物であると指摘している(北原 1996)。1980年代以降に、自然資源管理においてコミュニティという言葉を使うようになったのは、国家に対して地域住民が資源を利用する権利を主張するためであった(重冨 2009)。

タイでは住民側に立つ人がコミュニティという言葉を、住民の権利を主張するために使うようになった。そして、その言葉の定義が曖昧なまま、国家の政策でも取り入れられるようになった。2007年憲法で初めてコミュニティの権利が重要であることが明記され、[*2] 2019年に成立したコミュニティ林

＊1　北原淳は、これを共同体復興運動と呼び、この運動が「都市的物質文化や競争社会を批判し、伝統文化の重要性を再認識し、村落の集団的連帯をとりもどす」ことを目的として始まったとしている(北原 1996)。

法[*3]では、国有林を管理する法律にコミュニティという単位が初めて導入された。実際のコミュニティ林法は、住民が主張していたコミュニティの権利とは乖離があり、森林保護のためにコミュニティのイメージを国家が利用したと解釈できる。

■住民がインターネットで発信する「コミュニティ」

これまで美化されてきたコミュニティのイメージは、すべて住民以外が発信してきたものであった。タイでは、「コミュニティに伝統的な要素はない」という主張と、「伝統的なコミュニティこそ農村開発に必要」という主張が繰り広げられてきたが、住民自身はこのコミュニティに対してどのような立場で発信しているのだろうか。住民がインターネットで発信した内容からこの問いに取り組む。

インターネットは、農村住民が政治に対して影響力のある都市住民に直接訴えかける場としても有効である。一方的な発信だけでなく、コメント欄を通じて対話することも可能であり、住民の発信に対して大学の研究者が称賛する内容をコメントするなど、情報に乏しかった農村住民にとって、重要な情報源にもなってきた。インターネットは誰でも自由に世界中の人に向けて発信できるという利点があるが、農村住民が発信する情報のほぼすべてがタイ語であることから、その対象はタイ政府や一般市民など、国内の人たちに限定されていることが分かる。ただし、筆者のような外国人タイ語話者もそのような情報にアクセスできるようになった変化は大きい。

タイの農村住民は、自分たちがおかれた状況の改善を求めてこれまで街頭で数多くの抗議活動を実施してきた。その後、抗議活動を継続しながら、インターネットでも自分たちの要求を発信する姿がみられるようになった。抗議活動に参加している住民がFacebook上で、「コミュニティ」という言葉にどのようなイメージを連想させる発信を行なっているのか。そのごく一部を紹介する。[*4]

「持続的な資源管理を実現していくためには、コミュニティに対してその権利を保障することが重要である」

「国立公園は国家ではなく、コミュニティを中心として伝統的な方法で管理していく必要がある」

「私たちは国立公園内の森林についてもコミュニティ林を認めてほしいと森林局長に訴えてきたが、叶わなかった。だから私たちコミュニティの戦略として、森林が国立公園に指定されることに反対し続

＊2　たとえば、第290条では「環境の質の振興および保全において、地方行政体は法律の規定に基づく権限を有する。第一段に基づく法律には少なくとも以下の主たる内容がなければならない。（1）（2）（3）の内容は省略。（4）地域コミュニティの参加」と記されている。

＊3　コミュニティ林とは、自給目的に限って住民の利用が認められた森林で、住民コミュニティによる共同管理を原則としている。タイでは、1990年代以降、継続的に法制化に向けた議論が行なわれていた。

＊4　ここで紹介する発言は、国有林における住民の森林・農地利用の権利を求めて活動を続けている住民活動家の個人ページから引用したもので、発信されたのはすべて2019年である。

けたい。」

これらは、コミュニティによる森林の管理が伝統的かつ持続的な方法であるため、コミュニティに権利を与えることが重要であるという住民側からの主張である。コミュニティ林は、森林が荒廃した後に生起した活動であり、このような伝統的な管理が過去に存在していた地域はほとんどなかったと考えられる。住民たちはこれまで開発に携わる活動家や知識人が作ってきたコミュニティのイメージを活用し、自分たちの要求を主張していた。

一つめと二つめの発信では、住民側にも伝統的なコミュニティという言葉を使うことによって、国家の政策に対抗しようとする、ＮＧＯ活動家などと同様の意図があったと考えられる。「住民の権利」として訴えるだけでは保障してもらえないため、住民はこれまで美化されてきた伝統的なコミュニティのイメージを利用して主張しようとしていた。

三つめの「私たちコミュニティの戦略として」という記述からも、住民はコミュニティがもっているイメージを利用していることが示唆できる。ここでは、一部の住民しか参加していないコミュニティ林の活動と、より広く影響を与える可能性のある国立公園指定に反対という異なる主張を合わせて、コミュニティが森林を管理することの重要性を主張している。前者と後者の対象が異なっているにもかかわらず、同じコミュニティという言葉で一括りにしたことから、コミュニティ林に対する理解を得るために住民が言葉のイメージを利用していたと考えられる。

以上のように、住民が発信したコミュニティについての内容の一部をみていくと、住民自身も美化されたイメージを再生産していることがわかった。そして住民は、タイ政府に対して住民の権利を認めさせるための交渉手段としてそのイメージを利用していた。次節では、現場における送り手と受け手の交渉で、コミュニティのイメージがどのように関わっているのかをみていく。

3　現場における「コミュニティ」のイメージを用いた交渉

■農村開発と「コミュニティ」

国際協力や農村開発では、誰がその実施プロセスに参加するのかという主体性の問題に直面することがある。政府や国際機関によるトップダウンの開発では、地域住民の存在が軽視されてきたことが問題であった。そのため、住民が事業に参加できるようにする手法が導入され、世界銀行が実施する「コミュニティ主導の開発（Community-driven Development）」などでは、事業地の住民を「コミュニティ」と一括りにして開発が実施されるようになった。

「コミュニティ」の定義について、様々な解釈があるが、現場レベルでもそれは同様である。行政村を単位として、「コミュニティ」という名のもとで開発事業が実施されていたとしても、その構成員は事業ごとに異なる。また、その開発事業に対して政府やNGOなど、住民以外の外部者がどのように関わっているのかについても様々である。

図7-1　メーター区の位置

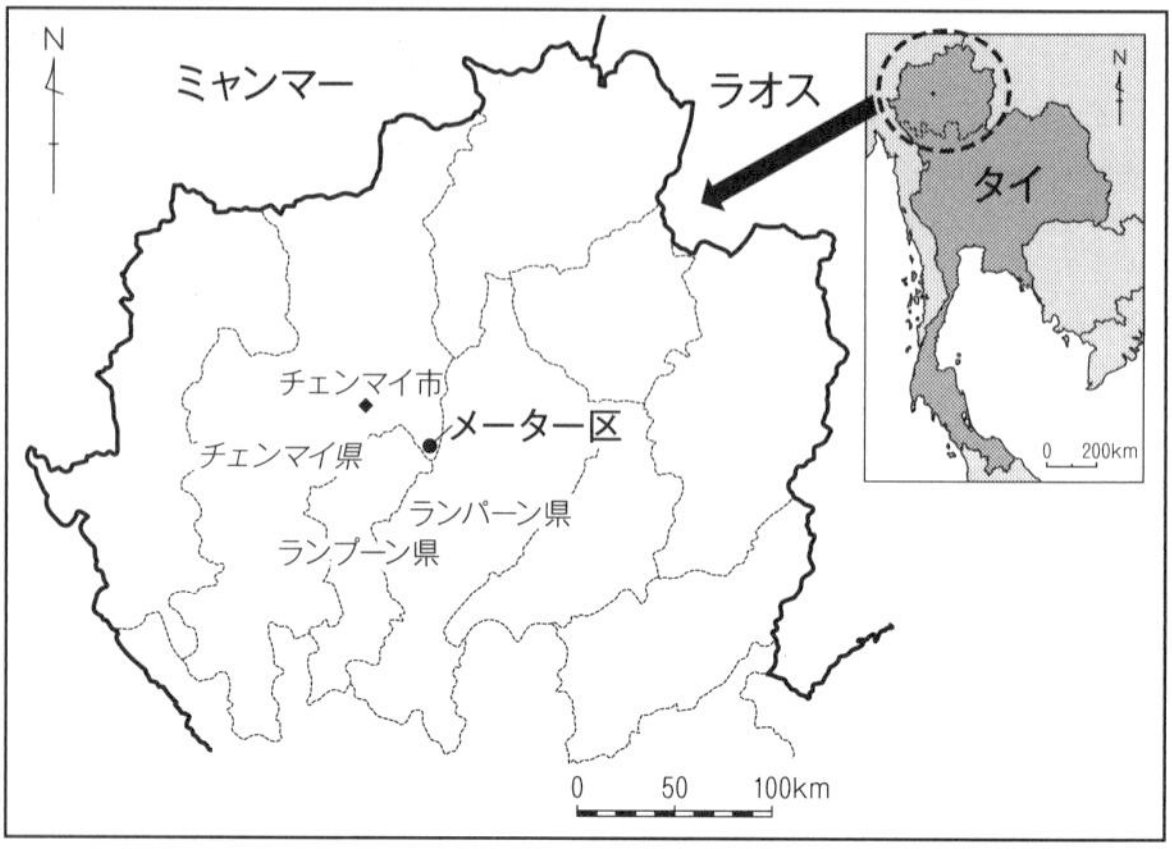

出所：筆者作成

本節が事例とするメーター区でも、事業ごとに参加している住民が異なり、行政や国際機関などの関わり方も多様であるため、「コミュニティ」の範囲を断定できない。そのため、ここでは事業に参加する住民の単位を「コミュニティ」とし、事例ごとにその詳細をみていく。ここで扱うデータは、筆者自身が2016年と2018年に計2か月間、メーター区で実施したフィールドワークと聞き取り調査に基づいている。

■メーター区の開発の歴史

事例地であるタイ北部のチェンマイ県メーオン郡メーター区は、全7村から成り、総人口は約4500人（2018年時点）で、住民のほとんどがタイ系民族のコンムアンである。同区は、タイ石油公社などの企業や外国の大使館など、開発の送り手が主導した事業だけでなく、住民が主体的に組織化したコミュニティによる活動も多く実施されている地域である。これまでの開発事業の歴史を振り返りながらコミュニティの実態を明らかにしたい。

メーター区には、19世紀半ば頃から人が定住し始めたといわれ、低地で稲作農耕を行なってきた。かつては豊かな森林にも恵まれ、1900年頃から半世紀以上にわたって企業による商業伐採が行なわれた。1980年頃には地域のほとんどが荒廃地となり、住民は洪水や旱魃などの自然災害に悩まされた。一部の住民からは、森林伐採に対する反対意見も出てきていたが、区内にあったタバコ工場に薪を売ることで収入を得ていた住民との間でいざこざも頻繁に起こった。

メーター区に初めて「コミュニティ」という単位が作られたのは、1983年にNGOの事業が実施された時であった。商品作物の販売は仲買人にその収入の多くを搾取されていたため、個人ではなく、共同で肥料や農薬を購入するためにコミュニティが作られた。村での共同作業など集団で活動することはそれまでもあったが、この時初めて住民共通の目的を達成するための組織としてコミュニティが住民間で共有された。当時のリーダーであったP氏は、「これまでこの地域には、組織として取り組むことはなかったが、コミュニティという住民にとって新しい発想がNGOによって導入され、住民はその効率性に気づいた」と振り返っている。農業グループはNGOの支援が終了した後も、現在までメンバー数を増やしながら活動を継続している。

農業グループを順調に運営していた住民は、水源林の荒廃によって農業用水を十分に確保できないという危機感から1992年に森林の管理グループを作り、コミュニティ林として森林保全活動を始めた。*5

最初は10人ほどで始まったコミュニティ林の活動は、２０００年頃から区全体へと広がり、区条例も成立し、森林局との植林の協働事業などを通じて、政府にも活動が認められるようになった。[*6]

農業グループと森林管理の活動は、住民によって作られたコミュニティが主体となって実施した開発事業の成功例である。いずれの事業も発端は、ＮＧＯなどの外部者によるものであったが、住民たちはプロジェクトが終了した後に、独自のコミュニティによる活動へと移行させることに成功している。タイでは最小行政単位である村ごとに開発事業を実施することが多いが（重冨 ２０１２）、メーター区では、開発事業のほとんどが村よりも一つ上の行政単位である区の中で目的や利害が一致したメンバーによって行なわれている。村には行政組織としての権限がほとんどないため、区自治体と協働するためにコミュニティの範囲を広げた、住民側の戦略をみることができる。

■美化された「コミュニティ」と外れた住民

コミュニティという単位で開発事業を実施するようになった住民の戦略は、住民が政府に対して交渉しようとする場で見られる。特に森林管理事業は、タイの森林が原則すべて国有であり、その中に森林だけでなく住民の農地も含まれていることから、住民の利用権を巡って政府と住民のせめぎ合いがみられる空間である。国有林を利用する住民の権利を政府に認めてもらうために、どのようにメーター区の住民は「コミュニティ」のイメージを利用しているのだろうか。国有林の森と農地を巡る２つの事業を取り上げる。

一つめの事業として取り上げるのは、前項でその設立の経緯を説明したコミュニティ林の活動である。この活動は、区レベルの条例があり、森林局とも協働していることから、政府との関係性が強い活動である。住民の自主的な活動による成果が評価されたことにより、森林局との協働事業で実施する活動へと拡大していった。森林局の業績にするため、一部では植林活動が行なわれているが、それ以外は住民の自律性に委ねられている。そして、その「コミュニティ」を単位とした活動の実績こそが、次で紹介する事業の成功にもつながっている。

二つめに取り上げるのは、国有林の中にある農地に対する耕作権を証書の発行を根拠にコミュニティに付与する農地の共同管理事業である。国家が森林を指定する過程で、住民が元から耕作していた土地がその対象に含まれ、指定後にも土地が開墾されたため、住民の耕作が違法行為になるという問題が起こった。そのため、国家も耕作権を付与する政策を実施してきたが、それでは不十分と感じた住民が区

＊5　政府にコミュニティ林を認可してもらおうとする住民運動が、1980年代後半からタイ全土で加速し、1989年に全国初のコミュニティ林がチェンマイ県の別の村で認められた。NGOと常に密なコミュニケーションを取っていたメーターー区の住民は、コミュニティ林のノウハウを他地域との交流や住民運動への参加などを通じて習得していった。

＊6　コミュニティ林法は2019年5月に成立したが、それ以前から住民主体の管理は現場レベルで認められていた。メーターー区のコミュニティ林は、森林局と協働で植林を行なった土地は行政主導で管理し、それ以外を住民が主体的に管理するという認識である（メーターー区自治体長へのインタビューより）。

写真７－２　コミュニティ林に防火帯を設置する共同作業の様子

出所：メーター区自治体撮影（2015年）

自治体と協働で個人に対して利用を認める「コミュニティ証書」を発行する事業を始めた。この証書は、区内の住民間に限って売買が可能となり、住民が運営する銀行から土地を抵当に資金を借り入れできるようになった。

コミュニティ証書の発想自体はＮＧＯなどが中心となって全国展開しているものであるが、メーター区は区自治体を中心として独自に取り組んできた。その結果、２０１５年から始まったプラユット・チャンオーチャー政権（当時）による住民の耕作権を付与する政策において、全国で初めて認可を得た。コミュニティ証書の活動には、区の半数にあたる約６００世帯が参加し、対象となる国家保全林の土地を耕作している住民のほぼ全世帯が参加していた。

コミュニティという単位で住民を括り、その言葉のイメージが美化されてきたことでメーター区住民のどのような部分が見えなくなっていたのだろうか。筆者が調査を行なう中で明らかになったことは、住民は参加できる状況であっても「参加したくない」という消極的な姿勢を見せていたことである。そして、そのような姿勢は水源林や山火事の管理を行なうための人員確保という点で不安材料になっている。原則すべての住民が濃淡はあるにしても、活動に参加することが義務付けられている。しかし実際は、積極的に参加している住民は少なく、各村15名から成る管理グループのメンバーに負担がかかっている状態であった。管理グループのメンバーの話によると、「メンバーは交代制のはずだが、やりたい人がいないため、仕方なく続けている」、「立候補者がいないため、任命制になってしまっている」といった消極的な声が聞かれた。共同作業などに参加しない住民とは、日中不在の農外就業者や、高齢者世帯などが中心であった。メーター区では近年、都市部での就労による農外収入の割合が高くなり、公共性の高い森林を積極的に管理しようとする人員が不足するようになっていた。

コミュニティ証書による農地管理は、コミュニティ林の活動とは異なり、参加する住民に経済的な利益がある。住民の半数は農業収入から生計を立てているため、耕作権が公的に認められ、資金を借入できるといったメリットがある。一方で、活動開始前から保有していた土地に対して、コミュニティ証書を付与する形を取ったため、そうした土地を持たない住民は対象から外れた。二つの事業が成果を上げたことによって、メーター区のコミュニティは良いイメージを構築してきたが、一方でその範囲の外にいる人たちにはそのイメージとは異なる実態があった。

■定着した「コミュニティ」のイメージが可能としたもの

メーター区でのコミュニティによる開発事業はなぜ成功したのだろうか。メーター区では、ほとんどの場合、こうした事業に対して住民の自発性が確保されていたため、住民がコミュニティを単位として活動する意図がみえやすかった。現場で見てきたコミュニティは、伝統的な自然的結合によるものではなく、住民に利益がもたらされるかといった目的によって参加者が異なる組織であった。そして、ここで紹介したコミュニティという活動の単位を強調している事業は、いずれも政府と関わりが深いものであった。

メーター区で継続的に行なってきたコミュニティ林の活動は、政府に対してメーター区のコミュニティは開発事業を実施するのに十分成熟していると思わせる効果があった。実際は、一部の住民だけがその活動の継続に貢献していたとしても、活動として成功することによって、メーター区全体のコミュニティに対する対外的なイメージが良くなる。そして、コミュニティ林だけでなく直接的に住民の利益になるコミュニティ証書の事業に対してもイメージの効果が発揮されたと考えられる。

開発事業の成功の裏でコミュニティの範囲から外れた住民たちが抱えている問題があることも同時に明らかになった。住民が美化されたコミュニティを発信している中ではそのような問題を表に出すことはなく、政府などの外部者がその存在を認識することはほとんどない。外部者がその外れた人たちの存在に対して想像力を働かせることも重要だが、そこには限界があるため、その地域にいる人たち自身で対応することになる。そのため、住民たちが開発事業を実施する際には、対外的なイメージを利用した交渉をしながら一人ひとりの住民に対応していくことが求められている。

4 政府・住民間の交渉におけるインターネットの影響

国際協力の送り手から発信される情報を受け取る人たちは、総じて現場との距離が遠いため、発信された内容に疑問を呈さず、コミュニティは美化されやすくなる。そのため、国際協力の送り手は、事業を実施するための予算を得ることや、事業の成果を上げることを優先し、ドナーや国際社会に向けて広く発信することを目的に、英語や先進国の言語で書かれた文章を発信する。

一方で、住民は国際社会に向けてではなく、政府や国内の一般市民に向けて発信することが前提となる。そのため、より詳細に法律や地域の特徴などを把握したうえでの発信が求められ、そのほとんどが国内の言語で発信される。

住民はタイ国内の一般市民に向けて、どのようなイメージを作り出そうと発信しているのだろうか。インターネット誕生前と後で住民の発信手段が大きく異なるが、住民はインターネットという手段をどのように利用しているのだろうか。この疑問について、Facebook上でのやり取りをもとに明らかにする。SNSの中でもFacebookを取り上げた理由は、タイで最も利用者が多いソーシャルメディアであり、SNSの中では公式性が高いといわれているためである。[*7]

■住民による発信――インターネット誕生前

　冒頭でインターネットの誕生が住民の発信手段に大きな変化をもたらしたと述べたが、それ以前の住民による発信の代表的な手段は、メディアを通した第三者による代弁と街頭での抗議活動であった。メディアについては、タイ国内であれば主にテレビと新聞であり、国外では支援者に対する報告書などで「住民の声」という形で代弁された。現場を知らない先進国の人たちは、このような代弁された声をもとに農村の現状を把握するしか手段がなかった。しかし、このような声は代弁する第三者によって、時には都合のいい形で取捨選択されるため、実態からかけ離れた住民のイメージ像が作られる危険性があった。

　タイでは市民による抗議デモが政治を動かす場面が歴史の中で数多く存在することから、集団を結成して街頭で訴えることは、住民が直接的に発信する一番有効な手段であるといえる。それは現在でも変わらず、定期的に農村住民はバンコクでの抗議活動に参加している。街頭での活動は概して政府と住民の対立関係を一般市民に示してきた。

　住民による街頭での抗議活動が大きい政治的な力になった代表的な例が、1970年代の農民運動である。それまで農民自身が声をあげることはほとんどなかったといわれるが、商品作物の導入と全国的な私有地化政策によって、農地を買い占めた地主に対する不満を爆発させて農民が抗議活動を開始した。その後、全国的な民主化を要求する抗議活動へと展開し、多くの死傷者を出し、政権交代へと追い込んだ。

前述のコミュニティ林法の成立の過程でも、何度も国会の議題に挙げられながら法制化が進まなかったため、住民は20年以上にわたって抗議活動を行なってきた。この間、森林保護を主張する派と住民の生活基盤の安定を主張する派で対立し、成立した法律は前者の主張がより認められる形となった。タイでは農村住民のような社会の貧困層が政治に参加する機会が少なく、バンコクなどの都市住民に農村のあり方を決定する主導権があった（Glassman 2010）。そのため、住民たちは抗議することで新聞やテレビに取り上げられ、市民社会を味方につけることによって自分たちの権利を訴えるという手段をとってきた。

■住民によるインターネットを通じた発信

インターネット上では、毎日膨大な数の情報が発信されており、信憑性がない情報も多く含まれている。発信の内容を量的に分析する方法は、発信の内容の傾向を調べるために有効であるが、住民側の発信している中身を拾うことを重要視するため、以下では一つの住民団体の Facebook における発信とそ

＊7　Statista の統計によると２０１８年の Facebook 利用者はタイの総人口の約38％にあたる２６００万人で、ＬＩＮＥを除いた他のＳＮＳ利用者より多い。https://www.statista.com/statistics/264810/number-of-monthly-active-facebook-users-worldwide/（最終アクセス：２０２０年６月27日）

れに関連する他の団体・個人による投稿をみていく。

その事例とするのが、農民たちがそれぞれの地域で結成していた住民活動グループが２００２年に統合して結成した、「公正社会のための住民運動」（The People's Movement for a Just Society の略である P-Move を使用）というネットワーク組織である。P-Move による発信手段やその内容から、住民の発信方法についてインターネットの誕生前と比較してどのような変化があったのかについて考察する。

P-Move の活動に参加する農村住民は国会前での抗議活動を行ない、集会を含めて定期的に全国からバンコクに集結する。他にも、Facebook を通じて多くの人へ自分たちが直面している問題を精力的に発信している。P-Move の Facebook ページは1万人以上がフォローし、各記事がシェアされることによってさらに多くの人がその発信を閲覧する。そして、抗議活動を実施するたびに新聞やネットニュースで取り上げられた内容を Facebook 上でも共有している。時には、何十万人のフォロワーがいるニュースアカウントに取り上げられることもあり、その内容は多くの人の目に触れることになる。

P-Move がインターネットをどのように活用しているのかについて一つの例を取り上げる。それは、住民がインターネットという発信手段と街頭での抗議活動を組み合わせて、政治家を動かし、互いにその交渉でイメージを利用していたケースである。

P-Move は国有林における住民の利用権を求めて街頭での抗議活動を実施し、２０２０年1月15日には、天然資源・環境省の官僚との会合を実施するまでに至り、その会合の様子は P-Move の Facebook 上でも生中継された。会合の終了後には、住民から天然資源・環境大臣に要求書を提出する場面へと中継が切り替わり、「住民が抱えている森林と農地の問題について私自身の力を最大限使って解決していきたい」と大臣が口頭で約束する姿が映された。住民の代表と握手を交わす場面はFacebook上で生中継されたうえに、200万人以上がフォローしているニュース配信アカウントにも取り上げられた。大臣自身も自分のFacebookページで「私は本日P-Moveから住民の要求が書かれた書類を受け取った。（…中略…）私はこの問題を調査する委員会を立ち上げ、一刻も早く現場へ送り出すことを約束する」と投稿した。

このできごとは、住民と政治家の両者がインターネット上の視聴者に対して、コミュニティの権利を主張し、それを政府が容認するという両者の歩み寄りを示したと捉えることができる。タイの市民社会はこれまで国家と対立する形で台頭し、自分たちの要求を主張してきた（Contreras 2003）。P-Moveもこれまで国家に対抗することを原動力に活動している姿を筆者は見てきたため、生中継された様子をみて不自然に感じた。政策上はまだ何も反映されておらず、Facebook上のコメントで「政治家による単なる口約束だ」と批判されるようなできごとであったにもかかわらず、P-Moveの活動を率いてきたNGO活動家がそのできごとを喜び、大臣に感謝する内容をその日のうちに自分のページに投稿していた。住民が主張してきた問題に対する解決の糸口はまだ見えない状況にもかかわらず、政府に対して歩み寄る姿勢をみせたのは、一般市民に対して発信したメッセージであったと受け止めることができる。

これまで政府と住民は、上記のような農村が抱える問題について議論する場では、対立した関係にあった。しかし、全体の一部を切り取っていた発信とは異なり、やり取りの一部始終を一般市民が閲覧できるやり方は、互いの歩み寄りを見せるメリットになった。今回のできごとは、住民の政策に対する不満が市民社会を味方につけながら大きくならないように、一旦その要求を受け入れる姿勢を見せることで沈静化させる意図があったと捉えることもできるだろう。

住民側には、政府に歩み寄ることによって、少しでも自分たちに有利な政策を実現していきたいという意図があったと考えられる。政府と対立していては、要求を通すことが難しいと判断し、市民社会を味方につけたうえで、歩み寄る姿がみられた。政府が住民の問題の解決に取り組む姿勢をみせ、それに対して住民も協力していくというイメージを作ろうとしていたのである。P-Move の活動に参加し、SNS上の発信で大きな声をあげられる住民はごく一部であるが、その住民たちはイメージを戦略的に利用し始めていた。

5　住民の発信を活かす国際協力へ

これまで国際協力の受け手である農村の住民は、外部者の発信によって作られてきた。しかし近年、インターネットという新たな発信手段を手にしたことで、住民側からもイメージを作り出せるようになった。本章でみてきたタイの農村住民には、これまでの美化された自分たちのイメージを戦略的に利用しながら発信するしたたかな姿がみられた。そして、住民が発信する力を持つようになったことで、開発を実施するタイ政府や国際機関などにとっても、住民の声は大きくなってきている。

しかし、外部者よりコミュニティの実態をわかっているはずの住民による発信も、コミュニティの実態を十全に捉えているとはいえない。なぜなら発信する力を持っている住民と、村の中で裕福な住民が一致しているからである。たとえば、冒頭で紹介したH村では、外部者とのネットワークや要求を言葉にする表現力などといった面で、貧しいパロンの人たちより豊かなコンムアンの人たちの方が有利に発信できる。パロンの人たちに焦点を当てて発信した情報が拾われない限り、住民による発信が外部者とは異なる偏ったイメージを植え付けてしまうといった問題が生じてしまうだろう。

住民間で発信力の差があるという問題だけでなく、適切な情報を必要な時に受け取るインターネットの通信環境の整備も課題である。スマートフォンは多くの開発途上国の農村にも広く普及するようになったが、都市との通信環境の差は明らかである。2020年現在、全世界で猛威を振るっている新型コロナウイルスによる感染症は、改めてインターネットの役割が重要であることを私たちに知らしめた。在宅ワークではウェブ会議が日常的に行なわれ、大学などの授業もオンライン化が急速に進められた。タイでも義務教育の授業がオンラインで行なわれることになったが、就学人口の3分の2が常時インターネットにアクセスできていないことが明らかになった。[*8]

＊8　『タイ農村　オンライン授業浸透せず　学校始業先送り　支援・奨学金不足も』https://www.sankeibiz.jp/smp/macro/news/200519/mcb2005190500005-s1.htm（最終アクセス：2020年5月20日）

遠い存在であった住民の発信を直接受け取れるようになったという点で、インターネットは私たちと国際協力の裨益者である住民との距離を縮める働きをしてきた。住民が自らイメージに対して働きかけようとする力は、開発に対する主体性の表れであり、インターネットという場が今後も住民にとって重要な発信の場となっていくだろう。だからこそ国際協力の送り手たちには、住民が発信している情報をもって十分とするのではなく、発信されていない住民の姿にも想像力を働かせていくことが求められている。

参考文献

●日本語

北原淳（1996）『共同体の思想——村落開発理論の比較社会学』世界思想社。

重冨真一（2009）「タイにおけるコミュニティ主義の展開と普及——1997年憲法での条文化に至るまで」『アジア経済』第50巻第12号、21-54頁。

重冨真一（2012）「コモンズと地域社会——タイ農村における土地の地域共同管理」柳沢悠・栗田禎子編『アジア・中東共同体・環境——現代の貧困』勁草書房、59-78頁。

チャティップ・ナートスパー著、野中耕一・末廣昭訳（1987）『タイ村落経済史』勁草書房。

マッキーヴァー、ロバート・M著、中久郎・松本通晴監訳（2009）『コミュニティ——社会学的研究：社会生活の性質と基本法則に関する一試論』ミネルヴァ書房。

●英語

Botes, Lucius and Dingie van Rensburg（2000）“Community Participation in Development: Nine Plagues and Twelve Commandments,” *Community Development Journal*, Vol.35 No.1, pp.41–58.

Contreras, Antonio P.（2003）*The Kingdom and the Republic: Forest Governance and Political Transformation in Thailand and the Philippines*, Ateneo de Manila University Press.

Embree, John F.（1950）“Thailand: A Loosely Structured Social System,” *American Anthropologist*, Vol.52, No.2, pp.181–193.

Glassman, Jim.（2010）“The Provinces Elect Governments, Bangkok Overthrows Them: Urbanity, Class and Post-Democracy in Thailand,” *Urban Studies*, Vol.47, No.6, pp.1301–1323.

Krueger, Brian S.（2002）“Assessing the Potential of Internet Political Participation in the United States: A Resource Approach,” *American Politics Research*, Vol.30, pp.476–498.

Meesuwan, Sanyarat（2016）“The Effect of Internet Use on Political Participation: Could the Internet Increase Political Participation in Thailand?” *IJAPS*, Vol.12, No.2. pp.57–82.

Paul, Samuel（1987）“Community Participation in Development Projects: The World Bank Experience,” World Bank Discussion Papers.

World Bank（1996）*The World Bank Participation Sourcebook*（Vol.19）, World Bank Publications.

第 **8** 章

もし開発協力をしなかったら

タイのNGOによる「負のイメージ」の伝達

松本 悟

開発協力は一般的に良いイメージをもたれる反面、大規模ダム建設などへの援助がもたらした自然環境や住民生活への悪影響を批判するNGOも多い。そうした問題に取り組んだ経験をもつタイのNGOは開発協力に負のイメージを抱き、現在隣国ミャンマーの援助国として、自らの経験を伝えながら悪影響を回避する活動をしている。その活動から見えてくるのは、開発協力をしなかったときの途上国の社会に対する想像力の重要性である。

1　貧しさのイメージに動かされる開発協力[*1]

２０００年代初めのこと、筆者は、世界銀行が検討していたある国の大規模水力発電ダム開発への資金援助の是非について、反対の立場から日本の与党国会議員の前で世界銀行幹部と議論したことがある。そのダムは、発電した電力の大部分を隣国に輸出して外貨を獲得することが目的だった。反対した主な理由は約10万人の生計手段への悪影響である。議論の行方によっては、日本政府が支援に賛成しない可能性もあった。雌雄を決したのは世界銀行担当者の次の言葉だった。「その国は貧困国であり、発展するにはダム開発への協力しかない」。これを受けて議員から「ダム以外に何かあるか」と尋ねられた筆者は、「その国の人々は国民所得で考えるほど貧しくない。ダムの代替となる大規模開発は必要ではなく小規模に地場の産業を育てるだけで十分だ」と答えたが、出席した議員はみな下を向いた。「貧しい国」には何か大きな開発が必要だというイメージを翻すことはできず、資金援助を止めることはできなかった。輸出用電力を生むダムのない生活と、ダム建設後の被影響住民の暮らしに対する二つのイメージが、筆者と世界銀行・国会議員とでは大きく異なることを痛感した。

「貧しさ」や「悪影響」は、イメージの問題ではなく調査によって明らかになることだと読者は思うかもしれない。実際、開発協力に伴う悪影響については、１９７０年代以降盛んに議論され[*2]、被害を受けたと訴える人たちへの聞き取り調査に基づく告発や、悪影響を回避・最小化する援助機関側の環境社会配慮政策を巡る議論が続いている。援助事業がもたらす便益も調査によって主張されていることから、対立しているのは効果や悪影響を巡る異なる調査結果だともいえよう。[*3]

科学的方法による調査が強調される潮流に対して、社会システムの中で経済を捉えようとした経済学者のケネス・ボウルディングは、『ザ・イメージ——生活の知恵・社会の知恵』の中で、「科学的方法もイメージを変化し発展させるための数多くの手段のうちの一つに過ぎない」（ボウルディング　1962：18頁）と論じている。本書ではイメージを「心の内に思い浮かべる像や印象」という意味で使っているが、この章の文脈で言い換えると「この開発協力をすればどうなるだろうか」というイメージであり、科学的方法である調査もそれに働きかける一つの手段だということになる。彼は「行動はイメージに依存して」おり、そのイメージをある程度変化させるのはメッセージだと指摘している（前掲書：5頁）。調査結果が便益と悪影響の双方を提示して対立しているのならば、最終的には開発協力に対するイメージが行動を左右するという考え方にもうなずける。

＊1　本章では開発を目的とした途上国向けの官民の資金・技術支援を「開発協力」とする。

＊2　世界銀行が融資したアマゾン開発や、フィリピンやインドのダム開発による先住民族の強制立ち退きと生計手段の喪失、90年代以降も日本のODAによるインフラ開発支援がフィリピン、インドネシア、タイなどで住民の生活や自然環境を悪化させたとして大きな問題となった（鷲見　1989、諏訪　1996など）。

＊3　同じ事業を巡る複数の調査の結果が対立する背景については、拙著『調査と権力——世界銀行と「調査の失敗」』（東京大学出版会）を参照頂きたい。

そこで本章では、調査や対策の妥当性を巡る議論を脇に置き、開発協力がもたらす負の影響の回避を、メッセージの伝達から考えてみたい。メッセージの伝達は、伝える側と伝えられる側がそれぞれもっている経験のコミュニケーションともいえる。両者がもつ過去の経験のせめぎ合いの中で、とかく肯定的なイメージをもたれがちな開発協力に対する負の影響についてのメッセージはどのように伝えられ、受け取られ、どんな影響を行動に与えるのだろうか。その考察を通じて調査や対策とは異なる次元で開発協力の悪影響を防ぐ手がかりをつかみたい。

2　タイのＮＧＯ――援助された側の経験を伝える

開発協力の負の影響に焦点を当ててメッセージの伝達を考えるにあたって、本章ではその主体としてＮＧＯ（Non-governmental organization：民間非政府組織）[*4]に目を向ける。負の影響を直接受ける当事者はプロジェクトが実施される地域の住民たちではあるが、彼らが自分たちの経験を他の国の住民に自ら伝えることは現実的には難しい。どの国の誰がそうした情報を必要としているのかがわからないし、旅費などの活動に必要な資金や強い動機づけがあるわけではない。その橋渡しをしているのがＮＧＯである。ＮＧＯは開発協力で問題が生じている地域の人々と外の社会をつなぐ役割を果たしてきた。筆者もＮＧＯのスタッフとして20年以上にわたってこうした活動に取り組んだ経験があり、冒頭の水力発電ダム建設への支援を巡る世界銀行や国会議員への働きかけは、その一例である。

筆者を含むいわゆる先進国のＮＧＯが行ってきた活動は、自分たちの被援助経験というよりも人権の保障など欧米的な規範に基づくものだった。しかし、近年は、かつて援助される側として負の影響に取り組んできたＮＧＯが、その経験を、今度は援助する側として、影響を受ける国の人たちに伝え始めている。直接住民に伝えるには言語や文化の壁があるので、影響を受ける国でもＮＧＯがメッセージの仲介役になっている。本章では、協力する側・される側双方のＮＧＯに着目する。

具体的には、東南アジアのタイからミャンマーへの開発協力を事例として取り上げる。タイはかつて多額の開発協力を受けて多くのプロジェクトを実施する一方、現地のＮＧＯが住民とともにプロジェクトの悪影響を厳しく批判してきた国である。世界銀行が支援したパークムーンダムでは淡水漁業などの生計手段を奪われたとして20年近く激しい抗議運動が続いた。日本も支援したサムットプラカン県の汚水処理施設の建設事業は、漁業被害を懸念した地元住民の反対運動で中止された。後で何度か登場するタイ東部臨海開発計画は、80年代から90年代にかけて日本が多額の援助資金を投じ、タイの経済発展を

＊4　国際開発の分野では「受難の救済、貧困層の利益の促進、環境の保護、基礎的な社会サービスの提供、あるいは地域開発の実施のための活動に従事する民間組織」（World Bank 1995, p.7）を指す。国際的な統計は確認できなかったが、国際協力に従事する日本のＮＧＯは少なくとも４１２団体あり、年間収入の平均が約1億３７００万円である（外務省・国際協力ＮＧＯセンター ２０１６）。

図８-１　ダウェイ関連地図

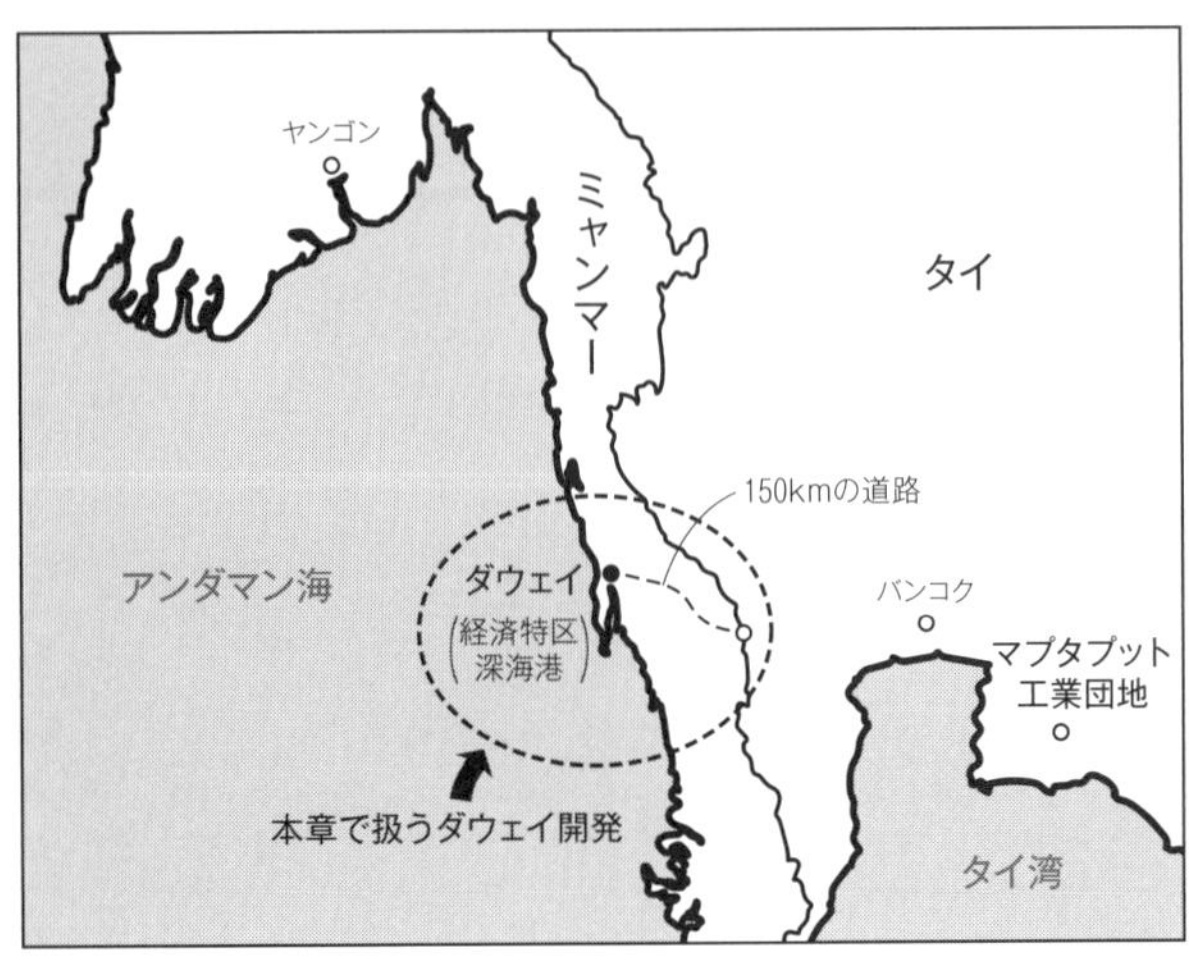

出所：筆者作成

けん引したと評価される反面、マプタプット工業団地（図８-１）周辺では、大気汚染や悪臭などに住民が苦しめられた。このことはタイの司法の場で大きな問題となり、いまでもタイへの開発協力が引き起こした公害の現場として多くの訪問者がある。こうした被援助国として抱えた負の影響の回避や解決に向けた働きかけにタイのＮＧＯは深く関わってきた。

そのタイが近年周辺国に対する援助国となっている。支援の規模はさほど大きくはないが、ラオス、カンボジア、最近はミャンマーのインフラ建設に融資を行っている。本章ではそのうちの一つ、ミャンマー南部のダウェイ開発を取り上げる。詳細は後述するが、この開発プロジェクトを巡ってはすでに少数民族地域での立ち退きが生じていて、住民の意向を無視した開発プロセスや不十分な補償に住民たちが猛反発してきた。これに対して、タイのNGOがミャンマーのNGOを支援する形で、影響調査や問題の解決に取り組んでいる。筆者が知る限り、タイのようないわゆる新興ドナーが支援している具体的な開発プロジェクトに対して、悪影響を告発・回避しようと新興ドナー側のNGOが活動しているケースはほとんどない。しかも、それに取り組んでいるタイのNGOの中には、かつてタイで援助されたプロジェクトの問題に取り組んでいた活動家も含まれている。そこで本章ではこのダウェイ開発を事例に、負のイメージを援助に対してもっているタイのNGOが、その経験をどのようなメッセージとしてミャンマー側に伝えているのかをひもとく。

3　ダウェイ開発――タイによる最大の開発協力事案

タイのNGOがどのように開発協力の負の経験をミャンマー側に伝えたのかを述べる前に、本節では事例として扱うミャンマーのダウェイ開発について説明する。ダウェイはミャンマー最大都市のヤンゴンから南に約600km離れたアンダマン海に面した人口約15万人の都市である。この開発構想は多岐にわたっているが、本章では、タイ国境とダウェイを繋ぐ約150kmの道路の拡張と改修、ダウェイの経済特別区（以下、経済特区）の整備、それに大型船が接岸できる深海港の建設の主に三つをダウェイ開発と呼ぶ（図8-1）。

ダウェイ開発は2008年5月にタイ政府とミャンマー政府が結んだ基本合意がもとになっている。

写真8-1 ダウェイの開発予定地

上は経済特別区の予定図、下は深海港の影響を受けるとみられる地域
出所：筆者撮影（2018年）

2010年に独占的な開発権を取得したタイの民間企業らが、主に経済特区の開発と道路の拡張・改修を進めた結果、多くの問題が生じた。ダウェイの地元NGOなどによると、特に道路の拡張・改修や新たな道路の敷設に伴う強制的な立ち退き、家屋の取り壊し、生計手段の喪失が深刻だった。また、ずさんな工事のやり方で農地が荒らされたり、水田への水供給が断たれたりした地域もあった。民主的な合意形成がないがしろにされたうえ、適切な補償が実施されなかったと地元NGOは批判している。

2013年、タイの民間企業の資金難から開発権はタイ政府とミャンマー政府が半分ずつ出資する事業体に移った。2年後には日本の政府系金融機関の国際協力銀行も出資者に加わった。[*5] とはいえ、推進役のタイ企業が外れたため、ダウェイ開発は事実上休止状態に入った。それを復活させようとしているのがタイ政府の開発協力である。

タイ政府の開発協力機関の中で、バーツ借款（融資）を担当しているのが周辺諸国経済開発協力機構（Neighbouring Countries Economic Development Cooperation Agency：NEDA）である。2005年に設立された新しい援助機関で、主にラオス、カンボジア、ミャンマーの開発プロジェクトを支援している。2015年5月、タイ政府は閣議でダウェイ開発のうちタイ国境からダウェイまでの道路拡張・改修事業に対して、最大45億バーツ（約155億円）をミャンマー政府に供与することを決定した。それまでの

＊5　出資額は600万バーツ（約2060万円）と比較的少額である。

NEDAの援助実績額から考えると極めて巨額な融資である[*6]。その後、融資額の算出根拠や道路の設計などを巡ってミャンマー政府との交渉が難航したが、18年8月、道路の設計変更のための技術協力をNEDAが無償で供与することで両国政府は合意した。20年10月時点で技術協力は最終段階にあり、早ければ21年初めに工事が始まる可能性がある。

ところで、ここまで説明したすでに建設が進んでいる部分は、ダウェイ開発全体のごく一部にすぎない。現状では、経済特区は計画規模の13%程度で中断、タイ政府が進めている道路拡張・改修は当初計画していた高速道路より大幅に縮小した仕様、深海港は調査段階で留まっている。ダウェイの地元NGOによれば、フルスケールで開発が進めば、2014年時点でわかっている情報をもとに推計しても、20村から36村の2万2000人から4万3000人が直接影響を受けるとみられる。タイ企業によって10年近く前に開発されたほんの一部の地域ですら、前述したような批判が住民やNGOから出ていることを踏まえれば、このプロジェクトに対するタイ政府の援助に、NGOや住民が強い懸念を寄せている理由が想像できるだろう。

4 メッセージの伝達――多様なチャンネルとルート

ここまで説明したダウェイ開発を巡る政府や企業の動きを表8-1の左半分にまとめた。こうした政府や企業の動きに対して、タイのNGOがどのように自国が受けた開発協力の負の経験をミャンマーの

NGOに伝え、それがどのように受け止められ、どんな動きに繋がったのか。タイとミャンマーのNGOへの聞き取り調査（表8-2）[*7]をもとに、表8-1の右半分に沿ってNGOの動きを時系列に振り返る。

■ダウェイの地元NGOの誕生

ダウェイ開発が始まったのは、ミャンマーが民主化に向けて20年ぶりの総選挙を実施した頃である。タイの企業とNGOの双方がミャンマーで自由に活動できるようになり始めていた。ダウェイ開発はタイとミャンマー両政府の合意に基づく経済協力ではあったが、当初はタイ企業による建設工事が経済特区周辺やタイ国境に向かう道路沿いで前述したような被害をもたらしていた。

＊6 前年2014年のNEDAによる融資額全体で年間約17億バーツ（約58億円）である。

＊7 筆者は2018年5月から10か月間、タイのバンコクに在住してチュラロンコーン大学アジア研究所の客員研究員を務めた。その間、ダウェイ開発の問題を調査・モニタリングする研究者やNGOと多く接する機会があり、NGOの内部会合にも何度か出席した。それを通して、表8-2に挙げたNGOやそのスタッフが、ダウェイ開発の負の側面を巡るタイからミャンマーへのメッセージの伝達と受容に関わってきたことがわかった。なお、個人の記憶に頼る部分があるため、個々の活動が行われた年を巡って多少の食い違いがあった。それらに関しては、できるだけ資料や他のインタビュー協力者に確認しながら、より信頼性の高い情報を採用した。

表8-1　ダウェイ開発を巡る政府・企業とNGO側の動き

年	タイ政府・関連企業の動き	NGOの動き
2008	タイ・ミャンマー政府間基本合意	
2010	タイ企業らが開発権を獲得し事業を実施	
2011		タイの開発協力経験をミャンマー人のユースグループと共有する研修旅行
2012		11月ミャンマーとタイのNGOが公開フォーラム 12月ダウェイの地元NGO発足
2013	開発権はタイ・ミャンマー両政府出資の事業体へ	6月タイのジャーナリスト向け現地取材ツアー タイとミャンマーのNGOがタイ国家人権委員会に苦情申立。証拠集めの調査開始
2014		タイのNGOの協力を受けてダウェイのNGOが事業の影響調査報告書『Voices from the Ground』発行。タイ国家人権委員会に送付
2015	5月道路事業に45億バーツの借款をミャンマー政府に供与することをタイが閣議決定 12月国際協力銀行が出資	タイ国家人権委員会の現地調査。人権侵害が起きていることをタイ政府に報告
2016		5月タイは国連ビジネスと人権原則順守推奨を閣議決定。そのモニタリングのためNGOが共同作業グループ結成
2017		作業グループをもとにETO Watch設立
2018	5月道路設計変更にミャンマー政府とNEDAが合意。追加調査にタイ政府が無償技術協力	8月ETO WatchがNEDAに質問書 10月ETO WatchがNEDAに2度目の質問書
2019	1月NEDAが環境社会配慮のためのセーフガード指針策定 2月道路設計変更の技術協力開始	8月タイとミャンマーのNGOによるキャンペーン 11月ETO Watchとダウェイの住民がNEDAと会合
2020	NEDAの技術協力完了	タイのNGOの協力を受けてダウェイの現地NGOが深海港の影響地域の調査報告書を完成

出所：筆者作成

表８-２　インタビュー協力者

協力者	どのような人物か	インタビュー日時（場所）
Ａ氏	タイの NGO のスタッフ。ETO Watch の中心メンバーで全体の調整役。2013年以降頻繁にダウェイを訪問。ダウェイ開発に代わる地域観光開発を住民と模索している。	2018年10月23日（バンコク）、同月31日（ダウェイ）、2019年８月24日（バンコク）、2020年２月20日（バンコク）
Ｌ氏	タイの NGO のスタッフとして、2000年代からタイへの開発協力の影響をモニタリング。現在は Dawei Watch というサイトを運営し国際的な情報発信をしている。	2018年10月30日（ダウェイ）、2020年２月20日（バンコク）
Ｍ氏	タイの NGO のスタッフとして、1990年代からタイへの開発協力の影響をモニタリング。現在は別の NGO のメンバーとしてダウェイ開発の現地影響調査に協力。	2018年10月30日・31日（ダウェイ）
Ｃ氏	タイの NGO のスタッフとして、映像を使ったダウェイの情報発信を担当。Dawei Art Space というサイトを運営し、主にタイ人に向けて情報発信している。	2020年２月20日（バンコク）
Ｂ氏	ダウェイの地元 NGO の理事をしながら、国際 NGO のスタッフとしてダウェイ開発の問題に取り組んでいる。ダウェイ出身。	2019年８月24日（バンコク）
Ｚ氏	ダウェイ在住で、地元 NGO の立ち上げ以来の中心メンバー。ダウェイ開発の影響調査や政府への働きかけのミャンマー側の中心的存在。	2020年２月22日（ヤンゴン）

出所：筆者作成

こうした問題にいち早く反応したのはヤンゴンに事務所を置くミャンマーのＮＧＯの「パウンクー」である。タイのＮＧＯやダウェイのユースグループをヤンゴンに招いて情報収集を始めた。もう一つは、ミャンマーの軍事政権による弾圧から逃れてタイ北部のチェンマイで活動していた元学生運動家たちが作ったビルマ救援センターである。このセンターはＬ氏が活動していたタイのＮＧＯなどの協力を得てマプタプット工業団地への研修旅行を実施した。この事業は、日本が多額の開発協力資金を投じ、大気汚染に伴う健康被害が深刻な問題となったプロジェクトである。参加者の中には、のちにダウェイ開発に対する地元からの抗議運動の中心人物となるＢ氏やＺ氏が含まれていた。Ｂ氏とＺ氏はその頃チェンマイのＮＧＯの招きで人権や環境、ＮＧＯの組織運営などについて学んでいた。そのプログラムが終わってダウェイに戻った後、先ほど述べたＮＧＯのパウンクーがヤンゴンで開いたタイのＮＧＯとの会合に、二人はダウェイのユースグループとして参加したのである。

Ｌ氏によれば、その頃のタイのＮＧＯの役割は、先述したようなタイが受けた開発協力の負の経験を共有する研修旅行のほかに、ミャンマーのＮＧＯへの情報提供が中心だったという。たとえばダウェイ開発を推進していたタイのイタリアンタイ開発会社を知っていた人はミャンマーのＮＧＯにほとんどおらず、イタリアの企業だと思っていたそうである。現在ほどＳＮＳやインターネットが普及していたわけではないので、タイの新聞などから集めた情報をミャンマーのＮＧＯに提供していた。

２０１０年に始まったタイ企業によるダウェイの乱開発の被害が徐々に顕在化していったため、12年11月にタイとミャンマーのＮＧＯが初めて共同でこの問題に関する公開フォーラムをダウェイで開催した。ダウェイの経済特区は一種の工業団地であり、かつて日本がタイに援助したマプタプット工業団地の公害問題に取り組んできたタイのＮＧＯの代表は、重化学工業部門の開発協力が引き起こす影響を説明した。また、Ｍ氏やＬ氏は世界銀行がタイに支援したダムなどの例を挙げ、プロジェクトを止められた場合と止められなかった場合の経験を住民たちに伝えた。これらの活動をきっかけにダウェイの地元ＮＧＯが誕生し、その後、ヤンゴンのＮＧＯなどからの資金協力を受けながら、現地調査や抗議運動の中心的存在となっていく。

13年半ば、タイからダウェイに向かう国境が開放され、一般の往来が可能になった。タイのＮＧＯはミャンマーのＮＧＯと協力して、タイのメディアや市民団体、芸術家などを陸路ダウェイに招く活動を開始した。ダウェイで乱開発を行っているタイ側の市民の関心を呼ぼうと企画したもので、Ａ氏によればこれまでに約２００人がダウェイを訪問したそうである。

■タイとダウェイのＮＧＯの協働

タイ企業の資金難で工事が中断した２０１３年後半から、タイとダウェイのＮＧＯは二つの活動を始めた。一つは影響調査活動、もう一つはそれを使ったタイ政府への働きかけである。ダウェイ開発をモニタリングするタイのＮＧＯは、自国が開発援助による問題を抱えていた頃から、地域住民が中心となった影響調査を行っていた。住民が現状や影響を把握し、開発側に異議を申し立てるやり方をとっていた。[*8] Ｍ氏は２０００年代からタイ北部でそうした活動を行っており、筆者もＭ氏に調査の協力を依頼したことがある。タイとミャンマーのＮＧＯは経済特区と道路の建設で影響を受けた20村を半年あまりかけて調査し、その結果を『Voices from the Ground』（現場からの声）という報告書にまとめた。[*9] 報告書では、この地域の人々にとって土地が生計に欠かせないことを強調したうえで、土地収用や損失に対する補償の支払いプロセスのずさんさを指摘している。具体的には情報開示が限定的だったこと、影響を受ける住民たちとの意味ある協議がなされなかったこと、補償のプロセスがあまりに不適切だったことを挙げている。

この調査報告書はタイの１９９７年憲法に基づき設置された国家人権委員会に提出することを目的にしていた。国家人権委員会は他の政府機関から独立して人権侵害行為の検証や政策提言を行う機能をもつ。調査に先んじて、タイとダウェイのＮＧＯは、ダウェイ開発によって人権とコミュニティの権利を侵害する恐れがあることを同委員会に申し立てて受理されていた。ＮＧＯによる独自の調査報告書が国家人権委員会の判断にどこまで影響を及ぼしたかはわからないが、同委員会はタイ企業の工事による人権侵害を認め、２０１５年末に自らの報告書を内閣に提出した。翌16年5月にはタイ政府は閣議で同委員会の指摘を認め、国連のビジネスと人権に関する指導原則を順守することを関係各省に推奨したのである。この閣議決定の履行をモニタリングするためのグループが翌年にＥＴＯ　Ｗａｔｃｈ（ＥＴＯは extraterrestrial obligations、国家の領域外義務）というタイのＮＧＯを中心とする緩やかな国際ネットワーク組織となり、ダウェイ開発だけでなく、タイから周辺国への援助やタイ企業の投資に伴う人権侵害や環境破壊の問題に取り組むようになった。

18年になるとタイ政府の開発協力機関の一つであるNEDAが、ダウェイ開発の道路拡張・改修計画の追加調査を援助することを決めた。タイのNGOは、働きかけの対象をNEDAに移し、18年には2回の質問状を送る一方、19年にはミャンマーのNGOやダウェイの住民と一緒にNEDAを訪れ、道路の拡張・改修工事によって生じる生計手段への悪影響を具体的に訴えるとともに、タイ企業によって引き起こされた過去の被害への補償に対応するよう求めた。こうしたタイの援助機関への働きかけと並行して、13～14年に行ったような住民主体の調査を、深海港の建設によって影響を受ける地域でもタイとミャンマーのNGOが協力して実施している。

5　タイとミャンマーのNGO――すれ違う学び

前節で述べたタイとミャンマーのNGOの関係を振り返ると、開発の進行に合わせてタイからミャン

＊8　タイバーン調査と呼ばれる。世界銀行が支援したパークムーンダムへの抗議運動の一環として行われた住民とNGOが協力した調査が始まりといわれる。住民の視点から事実を調査し、それを政策に反映させようとするNGOのやり方は、その後、北タイのメコン川本流開発を巡る抗議運動などでも行われた。

＊9　https://earthrights.org/wp-content/uploads/voice_from_the_ground_eng_online.compressed.pdf

マーにNGOを通じて開発協力の負の経験が伝えられ、[*10] それをミャンマーのNGOがそのまま受け取って活動に活かしているようにみえる。実際はどうだったのだろうか。双方に解釈の食い違いや、援助に対するイメージの違いはあったのだろうか。表8-2に挙げたインタビュー結果をもとに考える。

■タイとダウェイのNGOのずれ――目の前の開発行為とプロセスとしての開発協力

ダウェイ出身のZ氏は、タイ企業が経済特区の開発に乗り出した頃のことを「自分たちを含めて、大部分は開発に良いイメージをもっていた。長い軍事政権が終わる頃だったので、みんなが開発を求めていた。雇用の機会を求めていた。軍政後の社会の象徴が開発だった」と語っている。彼にとって転機になったのは、チェンマイ大学の「地域開発と市民エンパワーメント」という3か月間のプログラムに参加したことだった。そこで開発を巡ってタイで何が起きているのかを初めて知った。それまでタイの発展を良いものだとしかみていなかったが、先述したマプタプット工業団地への研修旅行を通して環境問題の深刻さに衝撃を受けた。またA氏によると2012年11月のダウェイでの公開フォーラムでパークムーンダムがもたらした被害を聞いた地元住民は、ダウェイ開発の一部となっていたカロンタ貯水池建設を受け入れない方針を決めた。タイの開発経験がミャンマーのNGOや住民がもっていた開発のイメージに直接的に影響を与えたことは間違いない。

興味深いのは、ミャンマー人のZ氏は、マプタプットをタイの開発経験と捉えていたのに対して、タイのNGOは開発協力の経験として伝えようとしていたことである。マプタプット以外にも、かつて日本政府が融資を検討していたものの激しい反対運動の末に計画が中止されたタイ南部の石炭火力発電所や、日本と国際開発機関の援助で増設が繰り返され、大気汚染で健康被害を受けたと主張する住民による裁判が続いたタイ北部の石炭火力発電所など、開発協力プロジェクトを研修旅行の訪問先に選んでいる。タイのNGOのA氏は「かつての犠牲者としての怒りが、ミャンマーに進出する自国に向けられている」と語る。開発協力の負の経験をメッセージに込めるタイのNGOに対して、受け手のミャンマーのNGOはあくまで隣国タイの開発経験として受け止めている。

両者の違いは、ミャンマーのNGOスタッフのB氏の次のような言葉にも表れている。「2013年にタイ企業が工事を中止するまでは、ダウェイの地元の団体が中心に活動し、タイは後方支援だった。いまは活動のターゲットがタイ政府になったため、むしろタイのNGOの動きが活発になり、主導権はタイに移っていった」。Z氏も「2014年までにダウェイのすべての問題プロジェクトは止まった。いまはダウェイでやることはない」と話し、その後も頻繁にダウェイのNGOを巻き込んで会合や活動を行うタイのNGOに対して、言外に不満をにじませていた。タイ側でダウェイを巡る開発協力の計画が進んでいても、ダウェイの現場で開発工事が行われていなければ地元のNGOにとっては問題ないと

＊10 もっとも開発援助のより効果的な利用方法など、負の側面以外の経験もタイのNGOからミャンマーのNGOに伝えられている可能性はあるが、筆者は詳細を把握していない。

いうことであろう。

筆者は90年代半ばから2000年代前半、NGOのスタッフとして日本からタイへの開発協力が引き起こす負の影響をモニタリングする活動していたのでタイのNGOの姿勢は理解できる。当時、タイのNGOは日本のNGOに援助国側としてやるべきことを期待し、タイのNGOとの緊密な連携を求めていた。タイのNGOには、被援助国時代に考えていた援助する側‐される側のNGOの役割分担が、潜在的な経験として残っているように感じる。ミャンマーのNGOにとってはやや押し付けられている印象を受けるのはそのせいだろう。しかし、国際協力の想像力に着目する本書にとってこの点は重要である。ダウェイの住民やNGOの抗議はタイ企業の開発行為で実際に起きた被害に対するものが多く、今後起きることを想像しているわけではない。負の経験から問題を未然に防ごうというタイのNGOとの意識の違いは、目の前でまだ起きていない将来の可能性を想像するかどうかとも関係している。

■タイとダウェイのNGOのずれ——トップダウンとボトムアップ

一方で、タイのNGO側にとって、ミャンマーのNGOと活動するやりにくさがインタビューの中に表れていた。かつてタイで開発協力プロジェクトの影響調査を地域住民主導で行ってきたM氏は、ダウェイでも『Voices from the Ground』のもととなった情報収集プロセスに深く関わった。現地NGOや住民と一緒に村の現状や課題を分析し、NGO抜きでも活動できるように側面支援した。基本的なスタンスは、タイで日本のODAや国際開発機関のプロジェクトをモニタリングしているときと同じだという。「NGOが仲介して問題や要望を伝えるよりも、地域住民主導の調査を通してこの国で住民同士のネットワークができ、そこが投資企業や政府に直接問題を言えるようになる方が影響力は高まる」と考えている。しかし「住民主導の調査では、地域住民との信頼関係が重要だが、言語や時間の制約から自分がミャンマーでそれを支援するのは難しい」とM氏は語っていた。タイでのやり方をそのままミャンマーに持ち込むことはできない。

M氏とともに地域住民主導の調査に関わってきたA氏の話はより具体的だ。「ミャンマーのNGOは村のコミュニティと働くのが苦手だと思う。村で一緒に飲んだりしない。村のリーダーから情報を収集しているだけ」。ミャンマーのNGOリーダーは「キャラクターが強い」ため、タイのNGOが自らの経験から重視する住民主導の理念をなかなか共有できない。

これをミャンマーのNGOはどう捉えているのか。A氏やM氏らと一緒に活動してきたダウェイの地元NGOの代表であるZ氏は、それは大きな違いではないとしながらも、タイのNGOはダウェイでは外国人なので、この地域のダイナミズムを理解するのは難しいと語る。「われわれは異なるグループの異なるダイナミズムをわかっているので、直接的にどうすべきかを言う」のであり、タイのNGOからは一見トップダウンにみえるやり方は、地域の特性に合致していると説明している。

＊11 多くの場合、タイのNGOとダウェイの住民は通訳を介してコミュニケーションしている。

■負の経験の伝達からタイのNGOが感じた限界

本節の最後に、開発協力の負の経験を伝えることについて、ダウェイ開発のモニタリングをミャンマーのNGOと続けるタイのNGOの活動家たちの考えを整理する。L氏は被援助国としてタイが抱えた問題に長く取り組んできた。だからこそ、タイが援助する側、投資する側になったことを強く意識している。L氏は、Dawei Watchというサイトを Facebook 上に立ち上げて、ダウェイ開発の問題点について英語での情報発信を続けている。開発推進側と異なる情報を提供しているだけで、戦略としては「開発のプラスの効果を伝えることと似ている」という。負の影響を伝える情報に対して「工業団地ができれば雇用が増えてタイに出稼ぎに行かなくても済む」「NGOは問題ばかりを言う」と批判的なコメントが書かれることも少なくない。

A氏は、誰に向けて伝えるのかで戦略は異なると話す。現地のNGOや住民組織の人たちにとっては、タイの経験に触れるのは外の世界に目を向ける機会になり効果的である一方、開発に賛成する人たちへはそれだけでは十分ではない。「開発の負のイメージを伝えながらも、開発とは何か、解決策は何かを一緒に考えることが重要だと思う。イメージだけではなく考えることが大切」とA氏は語る。L氏はそこにタイで活動しているときとの違いを感じるという。タイでは問題のある開発協力は「止める」がカギとなるメッセージだった。それに対してミャンマーでは民主化によって開発を自由に論じられるようになっても強く反対するのではなく、たとえば「汚れた投資はいらない」というようなやや抽象化された言葉で表現されると指摘する。一見バランスがありそうだが「本当に止めたい人たちにとってはストレス」だとL氏はみている。

L氏と同様に、Facebookに Dawei Art Spaceというサイトを設けて、映像を使いながらタイやミャンマー向けに情報発信しているC氏は、「ネガティブなイメージを伝えるだけでは長続きはしない」と語る。C氏は、A氏やM氏とともにダウェイでの調査に関わりながら、タイとミャンマーの双方でダウェイの暮らしをテーマにした展示会や「We Love Dawei」というイベントを開催してきた。開発協力によって自然環境や生活環境が破壊されることを伝える前に、「人々が自信をもって立ち上がってくれること、自分が住む場所を愛することができなければ守れないと思う」という。「もちろん、タイ人からも色々なコメントがFacebookに寄せられる。ダウェイの石炭火力発電所に反対すると『だったらろうそくで暮らす生活に戻ればいい』と書かれる。しかし、過去の暮らしをポジティブに評価して書いてくる人もいる。『そう、以前のダウェイに戻った方がいい。美しい、以前のダウェイの方がいい。ダウェイをマプタプットのようにしたくない』と」。こういう書き込みをするのはダウェイ周辺から出稼ぎなどでタイに住んでいる人たちが多いとC氏は説明してくれた。

彼の話は、本章の冒頭に挙げた世界銀行の支援を巡る筆者と国会議員とのやり取りを思い起させる。開発協力の負の影響と表裏の関係にあるのが、援助が行われない場合の人々の暮らしである。本章の冒頭では、それに対する世界銀行や国会議員のイメージを批判的に述べた。しかし、それはミャンマーのNGOや住民も同じである。Z氏が述べたように、ミャンマーの人たちも自分たちの暮らしに「貧しい」イメージをもち、民主化の動きの中で、まだ見ぬ開発に憧れ、それを想像していた。序章で佐藤が述べているように、想像力を「違った可能性を思う力」だと捉えれば、最初は開発こそが違った可能性を秘めていた。しかし、それが進むにつれ、C氏のFacebookに寄せられたコメントのように失いつつあるダウェイの過去の良さを想像するようになる。それを喚起したのが、タイの負の経験の共有だった。負の経験は、開発や援助の違った可能性を想像させるだけでなく、それがなかったもとの暮らしに対する内向きの想像力をもかき立てているのである。

6　もう一つの想像力――「もし開発協力をしなかったら」

本章では開発協力の負のイメージの伝えられ方、受け取られ方、行動への影響について、メッセージを媒介するタイとミャンマーのNGOに着目して具体的なプロセスを追った。事例として取り上げたダウェイ開発は、現在東南アジアで最も論争を呼んでいるプロジェクトの一つである。10年前にそれを認識したミャンマーのNGOの求めに応じてタイのNGOが過去の援助の負の経験を伝え始めた。そうした経験を共有する研修旅行は数回実施され、参加したミャンマーの人たちが自国に持ち帰って広めていった。同時に、タイのNGOをミャンマーに招き、負の経験を学ぶフォーラムを開催した。また、タイで行われてきた住民主体の調査を、ダウェイ開発の悪影響を受ける村で実施することを通して、村人自らが生活を記録し、将来の開発協力プロジェクトによって生じる悪影響を告発できるような方法も共有してきた。こうした負の経験とそれを防ぐ方法の伝達を通して、当初は一部のNGOだけが危惧していた悪影響を、より多くのミャンマーの若者や住民が認識するようになった。さらに民主化後に自ら経験し始めた開発に伴う問題と重ねて考えるようになり、負のイメージとして受け止められていった。タイとミャンマーという距離の近さや陸路で往来できるようになったこともそれをしやすくした一因といえる。情報伝達のメディアの変化も大きい。この地域でもスマートフォンやインターネットが普及し、Facebookなどを通じて多様な情報を伝え合うことができるようになった。

一方で、伝達された内容は必ずしもその通りに解釈されて行動につながるわけではない。第5節で述べたように、ミャンマー側は問題が生じてから行動しがちで、予防的な活動を呼び掛けるタイのNGOを冷ややかに見ていた。想像する範囲が目の前で進みつつある開発の影響なのか、それとも計画段階を含む開発協力の長いプロセスを含むのか、その違いが行動に温度差を生んでいる。もう一つは、リーダーのトップダウンか住民のボトムアップかという違いである。負の影響を共有できたからといっても、それを回避・解決する行動は異なる。「行動はイメージに依存する」のなら、こうした行動の違いはイメージに立ち返ることができよう。援助による負の影響を共有した両者の行動が違うのは、ミャンマーの村のあり方、社会のあり方に対するイメージが違うからではないか。これは、開発や援助がなされない状態への想像力に関係している。冒頭で紹介した、大規模水力発電ダムを巡る議論でも、実はそれが引き起こす負の影響に対するイメージは筆者と世界銀行・国会議員の間である程度は共有できていた。異なっていたのは、その国の、あるいはダムが計画されていた農村の生活のイメージ、言い換えれば、ダムがない状態の人々の生活に対する見方である。

タイのＮＧＯによる開発援助の負のイメージの伝達をみて改めて気づかされたのは、負の経験を伝達し共有するだけでは将来の悪影響を回避できないのではないかということである。そこは二つの想像力が求められる。一つには、目の前で生じつつある開発行為だけでなく、開発協力という仕組みやプロセスを踏まえて将来何が起きうるのかをあれこれと想像することである。住民の目には突然やってきたかのように映る開発行為は、実際は首都のオフィスで長い時間をかけて練られた結果かもしれない。開発協力の悪影響を防ごうとするには二つの場所をつなぐ想像力が必要である。もう一つは、開発や援助を所与のものと考えずに[12]、それがなかった過去やそれがない未来について想像してみることである。得られるかもしれない、いいものだけでなく、もともと持っていたものや、失うかもしれないものに心を寄せてみる。そのことが必ずしも必要ではない開発協力を止め、それがなくてもよい未来を創造するアイディアにつながるに違いない。

参考文献

●日本語

外務省・国際協力ＮＧＯセンター（ＪＡＮＩＣ）（２０１６）『ＮＧＯデータブック２０１６』。

諏訪勝（１９９６）『破壊――ニッポンＯＤＡ40年のツメ跡』青木書店。

ボウルディング、ケネス・Ｅ著、大川信明訳（１９６２）『ザ・イメージ――生活の知恵・社会の知恵』誠信書房。

鷲見一夫（１９８９）『ＯＤＡ　援助の現実』岩波書店。

●英語

World Bank（1995）Working with NGOs A Practical Guide to Operational Collaboration between the World Bank and Non-Governmental Organizations.

＊12 本章では大規模インフラ事業を例に述べたが、教育や保健といった基礎的生活分野に関わる小規模な開発協力においても、考えてみる価値があると筆者は考える。

第 **9** 章

「生き物」としての国際協力

中国貴州省にみる世界銀行と開発事業の現地化

汪 牧耘

なぜ国際協力への評価が分かれるのか。ここでは、中国貴州省において賛否両論ある世界銀行の融資事業を取り上げて、事業が絶えずそこに関わる諸アクターのせめぎ合い、伝言、説得や妥協を通して姿を変えていくプロセスに焦点を当てる。新聞や事業報告書にはほとんど描かれない人々のこうしたやりとりから、国際協力について想像するために必要な日常的な視点を浮き彫りにする。

1　国際協力という「象」

釈迦が自ら説いた言葉を集めた『自説経』には、「群盲象をなでる」という寓話がある。そこでは、多くの盲人が象をなで、その手で触れた部分をもって自身がどのように象を感じ取ったかを語り合う様子が描かれている。しっぽをなでた人は、象はほうきのようなものだと言い、脚をなでた人は、象は柱のようなものだと言う。中国では、有名な寓話である。それを子どもの頃から聞いていた筆者は、寓話の教訓のように、ものごとを断片的にしか捉えない「盲人」を批判的にみていた。

しかし、ものごとの「全体像」をみることは本当にできるだろうか。この章で取り上げる国際協力のプロジェクトを「象」にたとえれば、その実態を知ろうとする自分は、まさにこの寓話に登場する「盲人」であった。あるプロジェクトはどのように行われたのか、現地にどのような影響があったのか。それを知るために、文献調査や現地調査など、たくさんの方法がある。しかしそれにしても、プロジェクトのすべてを知ることはできない。調査者の着眼点は自らがもっている知識や目的によって絞られているからである。たとえ主観的な影響要因がなくても、現地との信頼関係、言語の壁、地理的なアクセス可能性などといった客観的な制約は依然としてあり、そこから得られた情報はバイアスがかかっている（チェンバース 1995）。

そういう意味では、国際協力プロジェクトが断片的に捉えられたり、語られたりすることは不可避だといえよう。他方で、断片的な情報がプロジェクトの全体像を教えてくれないからといって、それを不完全なものとして見捨てる必要もない。様々な側面をもつ国際協力を理解する鍵となるのは、こうした一つひとつの断片のつながりだからである。すなわち、無関係もしくは二律背反するように見える情報が、どのような国際協力の「現実」に対して整合性をもつかを問うべきである。「群盲象をなでる」の寓話に戻れば、それは、象をなでる一人ひとりの手の感触を一面の真実として受け入れ、さらに誰も触っていない象の部分を補っていくことである。こうした触れられてこなかった国際協力の姿を補っていく力を、ここで「想像力」と呼んでみよう。

「想像力」を用いながら、プロジェクトを巡る様々な評価や矛盾する説明をつなぎ合わせてその整合性を考えることが、国際協力を捉え直すことにつながる。事業のある側面に対する個別の評価や批判から導かれるのとは異なる、これまで見過ごしていた問題点や改善策にたどり着く可能性があるからである。この章では、筆者の経験を踏まえて、断片的な情報から国際協力の整合性を考える視点を示してみたい。具体的には、筆者の故郷である、中国貴州省における世界銀行（以下、世銀と略称）が融資した観光開発プロジェクト[*1]を取り上げる。

筆者がこのプロジェクトを知ったのは、2018年に日本人大学生向けに中国における国際協力を学

＊1 「中国貴州省における文化遺産・自然遺産の保護と発展プロジェクト」（Guizhou Cultural and Natural Heritage Protection and Development Project）。以下は「世銀・貴州プロジェクト」と呼ぶ。

ぶフィールドワークを手配したことがきっかけだった。準備のため文献資料を読み始めると、このプロジェクトに対して互いに矛盾する複数の評価がなされていることに疑問を感じた。たとえば、中国の新聞や世銀の広報は、このプロジェクトを世銀の「事業デザイン創新賞」（2010年）や、ユネスコの「アジア太平洋文化遺産保全賞」[*2]（2017年）を受賞した成功事業として取り上げてきた。その一方、融資側の世銀と現地調査を行った貴州省の社会学者の評価は異なっている。特に、中国の権威主義体制の中で、世銀が民主的な価値観をもとに、住民参加をはじめとする開発理念を実現しようとしたことが、現地にとっては協力なのか、迷惑なのか、意見が分かれていた。こうした文献資料をたくさん読んでいた当時の筆者は、まるで「象はほうきだ」「象は柱だ」などと様々に異なる回答に振り回されているかのように、プロジェクト（＝象）の全体像を捉えられずにいた。なぜ国際協力のプロジェクトに対して矛盾する評価が生じるのか、そこで捨象された国際協力の姿とは何かを明らかにしたくて、現地調査や関係者のインタビューを数回にわたって繰り返した。[*3]

結論からいうと、世銀・貴州プロジェクトを巡って、複数の評価の間に矛盾が生じたのは、国際組織、研究機関、貴州省の省政府・県政府や村が異なる「象」の部分をなでていたからだといえる。それ以上に重要な発見は、公開情報には書かれていない、「なでられていない部分」の存在だった。このプロジェクトを取り上げた理由もそこにある。この章では、世銀・貴州プロジェクトがどのように地域社会において作られていったかという「現地化」の文脈をひもとくことを通じて、公開情報には書かれてこなかった国際協力の姿を想像する視点を示すことを目的とする。

2 賛否両論の世銀・貴州プロジェクト

■プロジェクト概観

プロジェクトが実施された中国貴州省はどのようなところだろうか。

貴州省は、中国の西南部にある「山の城」である。連綿と続く山々は、雄壮なカルスト地形やアジア最大の滝を生み、ミャオ族、トン族、プイ族などといった１２００万人を超える少数民族の故郷である。一方、その地形は省の経済発展や外部との交流を阻む要因でもある。貴州省は北京や上海のような経済と政治の中心から遠く、海外との交流も限られている。筆者は90年代に貴州省の省都で生まれたが、子どもの頃は街の中で外国人を見ることはほとんどなかった。たまに街で外国人を見つけると、自分の目が離せなくなったことはいまでも記憶に新しい。

＊2 受賞の理由は、修復・保護に科学的手法が使われ、さらに地元住民の主体的な取り組みがあったことと説明されている。Honorable Mention in the 2016 UNESCO Asia-Pacific Awards for Cultural Heritage Conservation. https://bangkok.unesco.org/content/about-awards （最終アクセス：２０１９年12月30日）。

＊3 聞き取り調査は、２０１８年8月と２０１９年1月・9月に中国世銀事務所（北京）および貴州省のプロジェクト関係者計26人を対象に中国の標準語と西南方言で行った。

図９－１　貴州省興義市の万峰林

出所：貴州省日本観光センターウェブサイト　[http://www.kishu-kanko.com]

このような貴州省は、中国国内で最も貧しい省の一つである。プロジェクトが行われた当時の状況を知らせる２０００年のデータを見ると、中国における一人当たりの平均年収は７９４２人民元であるのに対して、貴州省は２７５９人民元にとどまっていた。[*4]こうした状況を改善するために、２０００年以降、貴州省政府は「観光立省」の方針を打ち出してきた。多彩な民族文化や豊かな自然環境を売りに、観光客を招こうとする経済振興策である。

世銀・貴州プロジェクトは、このような観光開発の方針に合わせた国際協力事業だといえる。プロジェクトの目的は、貴州省の文化遺産・自然遺産の保護、インフラ整備、観光業の発展を促進することによって、対象となった少数民族のコミュニティの収入を上げることである。プロジェクトの準備は、２００４年に省政府が観光局を中心に州・市・県の各政府に事業申請計画の提出を呼びかけたことで始まった。当時、貴州省の地方政府は、中央政府や省政府から得られる補助金が少なかったため、６０００万ドルの世銀融資を魅力的な資金源として得ようとした。その結果、最大７００km離れている市・県がプロジェクトの対象地となった。

直感的には、日本の東京都から青森県の間に19のプロジェクトが散りばめられているようなものとなっている。

事業対象地の広域化は、プロジェクトの推進・管理に多くの時間が費やされる一因となった。世銀本部は進捗が大幅に遅れた貴州プロジェクトを問題視し、２０１４年に事業の内容や対象地域を減らし、評価のフレームワークを作り直した。後に紹介する文化保護の一環としての古民家修繕についていえば、その修繕対象がもとの１２２５軒から８２３軒まで削減された（IEG Review Team 2018, pp.1-2）。それが功を奏し、２０１７年、世銀はこのプロジェクトの事業目標が達成されたと公表した。

■分かれる評価

十数年にわたったこのプロジェクトに対して、世銀と貴州省の大学・教育機関の社会学者の間では異なる評価がなされてきた。世銀は、このプロジェクトが挫折や大きな計画変更があったものの、結果としては高い完成度だと分析した。プロジェクトから得た経験や教訓を残すために、２０１７年に世銀は事業実施完了報告書を作成した。その中で世銀は、このプロジェクトの対象村を訪れた観光客は２００８年の50万２０００人から２０１７年の４０８万人へ、そして村人の平均年収は２０１０年の３１６０

＊４　中国国家統計局のデータによる。２０００年当時のレートで１人民元は約13円に相当する。

人民元から2016年の6131人民元へと増えたデータを取り上げながら、プロジェクトの目標達成を量的指標で説明している（World Bank 2017）。世銀によると、こうした目標を達成できた要因は、コミュニティにおける住民参加を保障するCBD（Community-based Development）の導入にある。CBDとは、住民の活動への参加を促し、利益配分を公平にするためのコミュニティ開発の手法であり、いわゆる「参加型開発」の一つである。世銀は、CBDアプローチを通して多くの村人が議論に参加し、さらに自らコミュニティの発展や文化保護を担うようになったと紹介している＊5。

他方で、現地調査を行った社会学者らは、プロジェクトが貴州省農村部の道路や水道などのインフラ整備を支援したことで村人の生活が便利になったものの、CBDアプローチは実現されていないと指摘した＊6。ほとんどの村では村人は行政組織をはじめとする、権力側に対して異なる意見や提案を出すことが困難であり、CBDは結局行政主導で行われたからである。さらに、観光開発の支援対象となる世帯の選定に不公平が生じて、村の人間関係が悪化したケースもあったという（孫他　2014）。

なぜ、このような評価の食い違いが生まれたのだろうか。実は、世銀・貴州プロジェクトに限らず、国際組織と社会学者の意見が国際協力を巡って対立することは珍しくない。それについて、国際組織は自らの融資の妥当性を主張するのに対して、社会学者ならばより村人に寄り添う視点をもつことができるからだと理由を付ける人もいる。しかし、こうした「立場論」だけでは説明できないことがある。まず、世銀はこのプロジェクトに無批判なわけではなかった。たとえば、広域に散りばめられている事業対象地の管理に高いコストがかかることや、貴州省の観光局に世銀の事業を担う経験が足りないことなどは、計画作成の当初から予想すべき困難だったと世銀は反省している（World Bank 2017）。一方の貴州省の社会学者も村人のために代弁したわけではない。このプロジェクトに対して、社会学者の助言は、政府による住民のエンパワーメントや事業関係の教育・研修の強化などがある（孫他 2014）。社会学者らは、村社会における権力体制や村人の能力の低さをCBDがとん挫した原因だと批判していたといえる。

＊5 世銀がこのプロジェクトに導入したCBDアプローチは、次のような組織体制で実施された。まずは、世銀・貴州プロジェクトの実施を推進するために、省・州・県政府の観光局に事業管理オフィス（Project Management Office：PMO）を新設する。各村には住民主体の事業管理グループ、実施グループ、監督グループを新しく作る。中国の既存の行政組織である村民委員会はこうした村人の主体的な動きを尊重し、サポートする機能が求められる。事業管理グループの役割は、主に村人に世銀・貴州プロジェクト（実施方法、目標、理念）を知らせることにある。実施グループは、事業管理グループのもとで、プロジェクトの実施を主導する。具体的には、住民主体であることを前提に、村における受益者・世帯を選定し、インフラ整備を行うための工事チームを作ること、そして村にある古民家や無形文化遺産から保護対象を選ぶことなどが挙げられる。監督グループは事業管理グループ活動をモニターする（World Bank 2017）。

＊6 2013年に、世銀・貴州プロジェクトの国内専門家チームによる要請を受け、貴州民族大学をはじめとする複数の研究機関から20人以上の社会学・人類学者がグループを結成し、世銀のCBDアプローチの実施状況を巡って参加型農村調査を行った。世銀・貴州プロジェクトの実施に携わった政府、業者と地元住民を対象とする聞き取りは、『第四の眼』という40万字の報告となり、2014年に出版された（孫他 2014）。

次節では、こうした文章上の対立が生じた現場の文脈を見てみる。特に、文献資料が多く、互いに矛盾する評価が目立つ観光開発やＣＢＤの導入に焦点を当て、貴州省の現場における様々なアクターの間にある一つひとつの話に還元して考えてみたい。それらの話にはプロジェクトを方向付けた要因が見え隠れしており、それをあぶりだすことで、なぜ異なる評価がなされてきたかを理解することにつながるのである。

3　「交渉」による世銀・貴州プロジェクトの現地化

プロジェクトの現場には誰がいるのか。国際協力といえば、まず「受け手」がいて、「送り手」がいるとイメージする。しかし、実際に国際協力に携わる人々をみると、その背景や役割はとても多様である。世銀・貴州プロジェクトの場合では、その「受け手」は融資を要請した中国で、「送り手」は融資を出した世銀にみえる。他方で現場においては、世銀スタッフや専門家、事業実施を担う貴州省の省・市・県の各観光局の職員、事業関係の研修を行うコンサルタント会社、建設会社、17のプロジェクト対象村の村民委員会や共産党支部など、様々なアクターがいる。異なるアクターの国際協力に対するイメージは、当然ながら互いに違ったものになる。

この節では、こうした諸アクターの間にどのような働きかけがあり、それはプロジェクトの計画や実施にどう影響していたかを描き出す。まず世銀・貴州プロジェクトを巡って、国際協力の方針がどのような議論の中で生まれたかをひもとくことから始めてみよう。

■観光と住民参加を巡る世銀と省政府のせめぎ合い

「世銀・貴州プロジェクト」は、世銀が中国で融資した初めての観光開発事業である。協力し合う経験がほとんどなかった貴州省の観光局と世銀は、国際協力のもたらすものへの捉え方が違っており、事業の計画段階からせめぎ合いが少なからずあった。

まずは、観光と文化保護へのイメージである。世銀の事業目標では、文化保護による観光振興の方針が取り上げられているが、それは最初の計画からあったわけではなかった。実は2004年の準備段階で、貴州省観光局は世銀への融資申請をインフラ整備中心にしようと考えた。これまでの中国国内の観光開発はほとんどそうだったからである。一方、世銀からみると、インフラ整備は「料理に胡椒をかける」、つまり時間をかけて料理の技や食材を良くするのではなく、調味料でごまかすような表面的な対応にすぎない。村人の能力向上や持続的な発展などの「本質的な問題」を解決するために、世銀は文化・自然遺産の保護と住民参加の方針を打ち出していた。しかし、省観光局に言わせれば、少数民族の文化保護や村人の能力向上よりも大切なのは、彼らの貧困状況を一刻も早く改善することであった。省観光局は、観光を進めることで文化が変容することはある程度やむをえないことであり、文化と観光開発を両立させようとするのは理想論に他ならないと主張した。

ＣＢＤの導入にも意見の対立が生じた。計画の初めの段階では、貴州省観光局は世銀・貴州プロジェクトの実施について、政府主導もしくは観光業者に委託するというアプローチを提案した。貴州省では至極一般的な方法である。それに対して、世銀はプロジェクトの利益が政府や企業にとどまり、住民に届かないことを懸念して反対した。さらに、住民の利益を確保するための「コミュニティ参加マニュアル」を作成し、それにもとづくCBDアプローチを確実に実施することを求めた。しかし、省政府の職員は、政府が介入せずに村人を巻き込むという世銀の要求は貴州省の農村の現実と乖離があると考えていた。

すべての村人の意見を聞きたいとはいえ、出稼ぎ者も多いので、人を集めるのが難しかった。弱い立場の人たちのエンパワーもそうだね。西洋における住民の参加は中国農村の村人の参加とは違う。世銀は村の共産党支部や村民委員会が行政側だから信頼できないと言って、「弱い者」による新しい組織を作ることを求めたが、有力者を除いてしまうと、プロジェクトの運営自体ができなくなる。

（省観光局の職員へのインタビューより、2018年8月）

このように、貴州省観光局は、「送り手」である世銀が理想とする国際協力のイメージを最初から受け入れていたわけではなかった。世銀は文化や自然を保護することで地域の発展に貢献するような事業目標を立てたが、省観光局はこのプロジェクトをあくまでもこれまで行われてきた貴州省農村部の観光開発の延長だと捉えていた。*7 他方、省観光局は世銀の主張に完全に同意したわけではないものの、観光や住民参加などの理念の議論にさらなる時間を費やすのは得策ではないと考えた。深刻な貧困状況を抱える貴州省にとって、すでに準備に数年を費やしていた世銀融資を早めに獲得して事業を始めることが重要であった。また、中国には「上に政策あれば下に対策あり（〝上有政策、下有対策〟）」という言葉もある。決められた方針を自分なりのやり方に変えることは常に考えられており、省政府は無理してまで世銀と理念を一致させる必要性をあまり感じていなかった。その結果、２００９年、世銀と省政府はプロジェクトの方針に合意して契約を結んだのである。

■計画策定者から現場までの「伝言ゲーム」

事業契約締結後は、世銀の手続きや進め方が、公式文書や研修を通して事業実施に関わる政府職員や村人まで広く伝えられていった。同時に、誰が何をどのように伝えるかによって、プロジェクトの姿も変わっていった。こうした人々の間で言葉の意味が次第に変容しながら伝わっていくことを、ここで

＊7　プロジェクトが終了した直後、貴州省のＰＭＯ、コンサルタント会社と専門家グループは事業の報告資料を作成した（未公開）。その内容は総じて貴州省農村部における観光の現状を全体的に分析し、将来的な解決策を提示するものであり、貴州省から見る本プロジェクトの位置付けが逆照射されている。世銀の「コミュニティ参加マニュアル」は貴州省にとって指針となるような意義があることと短く言及しているが、具体的な記述がない。

「伝言ゲーム」と呼んでみたい。結果からみると、その「伝言ゲーム」は、村によってプロジェクトの効果にばらづきを生じさせる原因ともなった。二つの場面を例に、伝え方の違いがどのようにプロジェクトに影響したかを読み取ってみよう。

①世銀から政府職員へ

第一に、世銀・貴州プロジェクトの進め方を省・県観光局の職員に伝える場面からみてみる。前述のように、貴州省では海外の人や組織と接する機会は比較的少なかった。世銀の業務文書はほとんど英語で書かれているが、政府職員の大多数は英語ができず、世銀の事業を担当した経験もほとんどない。そのため、国際的な業務経験をもつコンサルタント会社は、貴州省と世銀の架け橋のような重要な存在となっている[*8]。

コンサルタント会社の仕事の一つは、英語で書かれた大量の世銀のマニュアルや指南書を中国語に訳すことである。とはいえ、中国の政府職員はそれをうまく理解できないことが多かった。世銀の書類では、賛成の意思を示す時に「反対しない（〝不反対意見〟）」と書き、融資を「購買（〝采購〟）」と呼ぶなど、政府職員にとってなじみのない表現が多いからである。そこで、コンサルタント会社は専門家を村まで派遣し、世銀事業の進め方を政府職員に理解してもらえるような中国語や現地の表現に言い換えて説明した。県観光局の職員の言葉を借りると、彼らの世銀理解は、「コンサルタント会社が一回噛み砕いたものでまかなわれた」のである。

翻訳を通じて相手の言うことを理解するのが難しいとはいえ、対面のコミュニケーションも簡単ではなかった。省政府の観光局は、世銀のような「西洋的価値観」の持ち主と円滑にやりとりをするために、省の事業管理オフィス（ＰＭＯ）を作る際に欧米留学の経験をもつ職員を優先的に担当者として選んだ。それでも、省政府が世銀との協力に困難を感じることはしばしばあった。世銀との会議はその一例である。世銀・貴州プロジェクトの世銀側の業務責任者（task team leader）はプロジェクトが実施された約8年間で三人が交替し、一人めの業務責任者が導入した、「民主的な」会議スタイルは省政府の職員を最も悩ませたという。

一人めの指導者はとても優しい人で、一つの仕事に対して複数の提案をし、議論する余地を与えてくれた。しかし、上司の指示を受けることに慣れたわれわれはこのやり方を面倒にしか感じなかった。プロジェクトが当初難航していたことの理由の一つはそこにあるかもしれない。

（省ＰＭＯの職員へのインタビューより、２０１８年８月）

＊8　今回のプロジェクトに関して、省政府は上海の同済大学建築・都市計画学院とイセン・インターナショナルというコンサルタント会社に仕事を委託した。

プロジェクトの初期、政府職員が世銀のスタイルに慣れなかったことは、「理想主義＝西洋」と「実用主義＝中国」という対立感覚を強めた。世銀の厳格な計画・ルールや民主的という理念に対して、それは西洋人の理想であり中国の現実に合わないと感じた政府職員は多くいた。こうした抵抗感は逆にプロジェクトの受け入れを阻む要因ともなっている。この状況を乗り越えられたのは、友情や絆が築かれた世銀スタッフと現地職員のケースである。

C県の例を挙げる。県のPMOの主任によると、世銀から派遣されてきた三人めの業務責任者S氏は規定通りに事業を進めることを要求していた。最初は県の観光局の職員は「頭が固い」S氏に不満を覚えたが、事業が進んでいくとS氏の仕事に対する慎重で真面目な態度に感心し始めた。そして、S氏のやり方には何らかの理由があると信じて、それを理解しようとしたという。その結果、世銀の複雑な手続きを要求された通りに行うのは大変ではあったものの、そうすることの意味を感じた人が一定数出てきた。たとえば、C県の政府職員は世銀の入札手続きや基準を理解して遵守するのに時間がかかったが、それによって国内の開発事業のように後から制度の曖昧さを悪用した不正入札が起きにくいと述べた。それに対して、S氏も苦しい時が過ぎて成果を感じたようだ。現地に新しい考えや開発方法を伝えようとすることは困難だったが、そのプロセスにおいて貴州省の政府職員がいまの体制で働いている中では思い付かない仕事のやり方を覚える意義は大きいとS氏が振り返る。このようなプロセスを経て、世銀・貴州プロジェクトの進め方を伝える人と現地との人間関係が、事業の受け入れに影響を与えていた。

②村人に対する宣伝と説明

第二に、伝言によってプロジェクトのメッセージが変わっていった場面を、村人向けの事業説明から紹介する。このプロジェクトが現地で実施される前に、村人に世銀・貴州プロジェクトを知ってもらうための宣伝活動やワークショップが、主に観光局の職員やコンサルタント会社によって行われた。この過程を経て、プロジェクトは中国政府が開発事業を行う際によく使う言葉に置き換えられていった。たとえば、このプロジェクトの正式名称は、「中国貴州省における文化遺産・自然遺産の保護と発展プロジェクト」であるが、政府職員は「つまり、農村の観光をやるのだ（〝搞郷村旅遊〟）」と村長や村の共産党委員会のメンバーに説明していた。

プロジェクトが実施に至るまで伝言の連鎖が起こる。文献資料で賛否両論があったCBDアプローチの実施はその例である。省観光局の職員は、CBDアプローチを「コミュニティ参加（〝社区参与〟）」と呼ぶ。ところが、村人はその具体的な意味がわからない。CBDを村人に理解してもらう研修はあったが、そもそも研修とは何かの説明は村によって違っていく。筆者が訪問したC県のD村では、県観光局の職員は、研修を「世銀の仕事に協力して邪魔しない（〝配合世行工作，不要搗乱〟）」ように、「考えを変えるための説教をやる（〝做思想工作〟）」ことだと村長に言い換えた。たとえば、世銀の専門家が村を視察に来た時や、建設会社が工事を行う時に、「お前は誰か」と阻まないようにすることである。そして、研修が始まる前に、村長が、「また会議をやるよ（〝上面又喊開会〟）」と村人を呼ぶと、村人が、「また面倒なことが始まる（〝又要有事情〟）」と集まってくる。

他方で、世銀の方針について丁寧な説明を受けた村もある。政府職員やコンサルタント会社は、村人を対象とするワークショップで世銀の用語を方言に置き換え、漫画や歌謡にして伝えるなどの工夫を行った[*9]。同じC県のX村では、コンサルタント会社はコミュニティ開発の中国人専門家を村に派遣し、世銀のプロジェクトは何を目的として、どのような内容で進めるかを村人向けに説明した。世銀・貴州プロジェクトの推進を担当していた政府職員は、普段は政府の40分の会議ですら耐えられない村人は専門家の話に集中し、50分を超えても大人しく部屋の中に座っていた姿がいまでも記憶に残っていると語った。派遣された専門家の教え方がとてもうまかったことで、村人がプロジェクトに関心をもつようになったという。

■妥協による事業の変貌と継続

前述のような異なるアクター間の伝言ゲームは、省政府から村レベルまで2、3年にわたって行われた。その間、貴州省は中国の中央政府による貧困撲滅政策の重要対象地となり、政府から多くの補助金を受けるようになった。２００４年の準備段階では貴州省は世銀の資金をあてにしていたが、政府の補助金が容易に得られるようになったことで、世銀の方針を面倒な工夫をしてまで受け入れる必要性がなくなり、プロジェクトから撤退する村も現れた。

実施に至った村も必ずしも順調だったわけではない。プロジェクトの実施に伴って、世銀の開発理念と村の事情との食い違いが表面化してきた。本章が着目する観光開発についてもそうである。ここでは、

写真９-１ Ｓ村の「劉氏宗祠」

出所：筆者撮影（2018年８月）

文化遺産の修復を巡る村人の反論とその解決をいくつかのエピソードからみてみよう。

まずは、もとあったままに復元し、歴史的な景観を保つという世銀の方針についてである。プロジェクトが長年にわたって行なわれている中、村人の考えは生活の変化とともに変わっていった。都市部への出稼ぎを経験することで、都市のようにより住みやすい新しい家を作りたいという声が増えている。ユネスコに表彰されたＳ村もそうであった。Ｓ村において、専門家は劉氏の先祖を祀った「劉氏宗祠」（写真９-１）という文化遺産のかつての雰囲気を復元するために、ドイツから高価な材料を輸入した。

＊9　しかし、この数年間、政府の人事異動や部署の組み替えが頻繁に行われていたため、当時力を注いで作った大量の宣伝資料はいまやほとんど残されなかった。

こうした復元に対して、村人は逆にどこが変わったかが見えないので納得がいかず、そもそもなぜいま生きている人の需要ではなく、古いものの古い姿を守るために資金を使うのかに疑問を感じる人も現れた。そうした不満に対して、村長や村の共産党支部の書記は、国際的な基準で文化財を保護すれば、将来は経済的利益をもたらすと村人を説得せざるをえなかった。

世銀が重要視する文化的価値と村人が望む生活改善の乖離は他にもあった。プロジェクト対象地のX村において、49軒の木造の古民家が世銀・貴州プロジェクトによって修復されたが、一部の村人はそれを壊して煉瓦造りの家を建て直した。X村の古民家は密集していて、火事になると村全体に延焼する可能性が高く、こうした辛い経験も実際にあったからである。X村の村長は、文化遺産保護の重要性を村人に説得したが、人生のすべての蓄積が火災で失われる怖さも理解できるため、古民家の取り壊しや建て替えを止めようとはしなかった。

しかし、観光局は、煉瓦がそのまま露わになっていると、少数民族村の特色を失い、観光地としてのイメージが落ちてしまうという懸念を村の職員に伝えた。村全体の観光の効果を保つため、村長は村人に煉瓦の壁の外側に木材を貼り付けて古民家の雰囲気を保とうとする「折衷案」を出した。写真9-2の右の部分に写っているのは、木を煉瓦の壁に取りつけている途中の部屋である。

こうしたプロセスを経て、文化保護の方針は世銀から村まで異なるニュアンスで受け入れられていった。世銀にとって、文化保護は持続的な開発を促す方策だったが、観光局にとっては、文化が開発によって変えられたり破壊されたりすることは宿命であった。そして村人にとって、開発は自分の生活状況

写真9-2　X村の古民家

出所：筆者撮影（2019年9月）

を直ちに改善する手段であり、文化保護はその邪魔ですらあった。文化を「生きるための工夫」（平野2000）と捉えれば、生活スタイルが大きく変化した村人が古民家を改造していたことは容易に理解できよう。古民家の修繕はあくまでも一例だが、国際協力を巡る人々の期待の違いによって、世銀の開発理念は現地では別の表現で言いなおされたことは少なからずあった。

以上のように、世銀・貴州プロジェクトはとん挫を繰り返しながら行われてきた。計画当初の理念や方針は、結果的に諸アクターの間の「交渉」——せめぎ合い、伝言、説得や妥協——によって、地域の特性に合わせて変貌していったのである。世銀は2017年に事業終了を公表したが、筆者が調査を行った2018年の時点では一部の事業はまだ行われており、第Ⅱ期の世銀・貴州プロジェクトを行う議論もあった。プロジェクトの影響は、事業の最終評価報告書で終わるわけではなく、貴州省の人々に対して今後も何らかの形で及ぼされ続けていくのであろう。

4 「生き物」を巡る想像力

本章は賛否両論がある中で世銀・貴州プロジェクトが作られ、さらに現地に受け入れられていった文脈をひもといた。この節では、これまで述べてきた現地化の過程を振り返りながら、国際協力事業に対して矛盾する評価が生じる理由やそこで捨象された国際協力の姿を考察し、そこから得られる視点を示してみたい。

プロジェクトへの評価が分かれたのは、評価する側が異なる立場や視点から、プロジェクトの現地化を振り返ったからである。貴州省の大学所属の社会学者は、事業がとん挫し最も泥沼化していた中で調査を行ったため、プロジェクトがうまくいかない理由にフォーカスしやすかった。それに対して、世銀は自らの理念を導入することが結果として地元政府職員の思考の変化につながると気づき、CBDアプローチや厳密な計画の重要性を主張したと考えられる。これらの事業評価や説明では、プロジェクトが世銀の計画通りに行われたかどうか、目的を達成したかどうかに着目する傾向が見られる。

こうした「結果志向」から抜け落ちていたのは、意見の食い違いがありながらも、現実的にプロジェクトを作り上げてきた人々の「交渉」という工夫である。「西洋的な価値観」の受け入れはその例であろう。世銀と貴州省の社会学者は、世銀の民主的な価値観を中国の権威主義体制に導入して良かったかどうかを巡り意見が対立していた。プロジェクトの中で起こったできごとを都合よく切り取って、自らの主張を支えようとしているように見受けられる。しかしプロジェクトの現場をみると、価値観の違いは受け入れられる時もあれば事業を阻む時もあり、その方向付けをしたのは、国際協力における「送り手」と「受け手」の交渉の積み重ねである。そして、計画を策定する人たちから実施する人たちまでの「伝言ゲーム」や、村人の不満を緩和するための「折衷案」は、プロジェクトの中身を実際に決めていたといえる。

世銀報告書が述べているように、事前に事業管理のコストや「受け手」の能力を予測して計画を作ることは必要である。しかし貴州省の事例からみると、厳密な実施計画はかならずしも事業の進捗を担保するわけではない。世銀の文化保護の方針が反対されたように、十人十色の「受け手」を計画に従わせることは、逆に「受け手」の本当のニーズを見逃したり、アクターの間に摩擦を起こしたりする原因にすらなりうる。計画通りの事業実施を求めるのではなく、現場の人々が自らの手でプロジェクトを作り直す必然性を最初から想像し、事業の中身が変化する余地を事業計画に織り込むことは、国際協力をより現場に適したものにするのに必要であろう。

一方で、筆者が交渉を重要視するのは、ただそれがプロジェクトを援助の「送り手」にとって効果的に実施するために不可欠だからではない。互いを信頼した世銀スタッフや政府職員のように、交渉は、開発に携わる様々な捉え方の持ち主が巡り合って、自らの国際協力のイメージを創り直し、さらに未来のあり方に対する想像の幅を広げる大切なきっかけだからである。こうした未来の異なる「可能性」に気づくことこそ、世銀・貴州プロジェクトの意義であり、成功や失敗にかかわらず国際協力がもつ価値ではないかと考えられる。

最後に、世銀・貴州プロジェクトから一歩離れて、冒頭の寓話を踏まえながら国際協力を想像する視点を示して、この章を終えよう。プロジェクトの計画や結果を手でなでることができる象の形だとすれば、人々の交渉という工夫は、象の「生き物」としての側面を教えてくれる。直に象に触ることのできない人であっても、象は自分のようにこの世の中で生きていると考えることで、「象はほうきだ」「象は柱だ」などの言い方に惑わされることがない。それと同じように、国際協力を人々の交渉によって創れたものだと想像すれば、ある事業の計画や評価だけでその中身を判断することがない。

たしかに国際協力では一つの事業に非常に多くのアクターが関わっており、彼らのすべての交渉を工夫や経験として書き残すことは不可能である。しかし、それを想像する力は実は私たちの普段の生活の中で鍛えられる。交渉とは、ものごとの捉え方が異なる人々と触れ合う日々の経験に根付くものだからである。たとえある国際協力を知るための情報が十分になくても、遠方で行なわれている事業を身近な文脈に置き換えることで、現場における人々のありうる行動を具体的に考えることができる。国際協力を想像する視点は、こうした交渉の日常性に宿っていると筆者は考える。

参考文献

●日本語

平野健一郎（2000）『国際文化論』東京大学出版会。

チェンバース、ロバート著、穂積智夫・甲斐田万智子監訳（1995）『第三世界の農村開発――貧困の解決：私たちにできること』明石書店。

●英語

IEG Review Team (2018) *China-CN-Guizhou Cultural and Natural Heritage*, World Bank Group.

World Bank (2017) *China-Guizhou Cultural and Natural Heritage Protection and Development Project*, World Bank Group.

●中国語

孫兆霞、毛剛強、陳志永（2014）『第四只眼――世界銀行貸款貴州省文化与自然遺産保護和発展項目（中期）〝社区参与工作〟評估及重点社区基線調査』社会科学文献出版社。

終 章

想像力の「原っぱ」を

国際協力の手段を超えたコミュニケーション

松本 悟

唯一の正解がないグローバルな課題に取り組む国際協力にとって、他にありうる可能性を想像する力は大切である。しかし目の前にないものを想像するのは簡単ではない。その手助けをしてくれるのが媒体（メディア）を通したコミュニケーションだが、それに依存しすぎれば思い込みや先入観／イメージに侵され、かえって想像力を失う。想像力を育むには何が必要なのだろうか。

1　本書で語ってきたこと──幅のある想像力のために

本書は想像力の鍛え方を指南するハウツー本ではない。一方で、序章の冒頭で「国際協力の送り手も受け手も自由にするような幅のある想像力を確保するにはどうしたらよいだろうか」と広い意味で方法を問うている。自由とは「未来についてのイメージを実現する能力」（ボウルディング　1962：ⅳ頁）であり、参照点の置き方によって自由の幅が左右され、他にありうる将来のイメージが広がる。終章の初めに、私も一読者になったつもりで、この問いかけに答える手がかりを各章から読み取ってみたい。

■個別でも全体でもない「個の集まり」

第Ⅰ部が目を向けたのは、国際協力の「受け手」になる対象がどのように作り上げられるのかだった。執筆者は、「貧困国だから〇〇だろう」、「紛争国だから□□だろう」、「農村地域だから△△だろう」という既定路線とは異なる道筋を示している。それを見つけるカギになっていたのは「個の集まり」への着目である。

半世紀以上前にカンボジアで行われようとしたある意味で奇想天外な国際協力の計画を推し進めたのは個人的な想いの集まりだった（第1章）。「危険な」アフガニスタンで国際協力をするのに必要なのは「多様性の内訳」をみることであり、具体的な個々の事象の「束」だと説く（第2章）。度重なる地方創生が空振りに終わった日本に比べて、スリランカが経済成長と農村人口の双方を維持できたのは、農村における個人の多様な日常生活の実践が集団で共有されているからだという分析は、新型コロナウイルスを機に密集した都市の生活が問題視されている中で広い示唆をもつ（第3章）。

国際協力の対象を個別（たとえば村やコミュニティ）でも、全体（たとえば国や特定の組織）でもなく、「個の集まり」として考えることは想像の幅を広げる一つのヒントになる。

■メッセージを「動かす」様々な人たち

第Ⅱ部では国際協力の「送り手」の中でイメージや想像力がどのように作り上げられているのかを取り上げた。そこから考えさせられたのは、メッセージを発信する側の目的を超えて生じるものに対する想像力である。

日本の社会科の教科書も、日本政府や国際機関の広報資料も、時期や相手によって伝える国際協力の内容や方向性を変化させてきた。教育、国民の理解、拠出国の支持など、それぞれ発信の目的があるのだから当然ではある。しかし、いずれの執筆者も「その先」の重要性を論じていた。教科書はそれを使用する教員と一体となってメッセージを伝えることになるし（第4章）、「ＯＤＡマン」が国際協力や貧困問題に関心をもつ入り口になったとしても、プロジェクトの成功を語るだけでは想像する余地を奪うプロパガンダではないかと疑念を生みかねない（第5章）。各国からの拠出金や民間の寄付を得るために情報を発信するといっても、支援を受ける当事者を含めて関係する人たちは非常に多く、そのすべての関心や情報発信自体が引き起こす影響を想像することはたやすくない（第6章）。

教科書や広報資料という媒体を静的に受け止めたのでは国際協力の想像の幅は広がらない。容易には操作しえないメッセージの受け止め方や、送り手の中にある多様な思惑や懸念と真摯に向き合い、発信する側も受信する側もメッセージを動かす人々の存在を動的に捉えることが必要である。

■思い通りに伝わらない厄介な国際協力

第Ⅲ部では国際協力の「受け手」と「送り手」の間の交渉やせめぎ合いの中で、イメージや想像力がどのような働きをしているのかを具体的に描いた。両者の間に認識のギャップがあったり、すれ違いがあったりすることは、問題なのではなく、むしろそれを前提に議論することが想像力の幅を広げる。

交渉やせめぎあいを媒介したり、その舞台となったりしたのは、SNS（第7章）、研修旅行や共同調査（第8章）、意思決定の仕組みや公式文書（第9章）である。情報発信者の思惑通りに事が進んでいるわけではないし、国際協力の「受け手」の中にも立場や経済力の差は存在しているため、やり取りは幾重にも折り重なっている。一見政治的に劣位にあるようにみえる人たちの考えが政策や事業に反映されることもある。

いずれのケースでも、メッセージは直線的に伝わるわけではなく、かといって完全に跳ね除けられるわけでもない。そこではイメージや想像力による継ぎ接ぎや時には都合のよい読み直しが行われている。たしかに厄介ではあるが、そのことが、開発や国際協力を生き生きした、どこか惹かれる存在にしている。思い通りにメッセージが伝わらないことを受け入れることが想像力の幅を広げることにつながるのであろう。

本書の編者として、また最初の読者として、序章の問いかけを糸口に私なりに九つの章を読み取ってみた。そこから浮き彫りになるのは、いずれの章においても、媒体を通したコミュニケーションの重要性に触れている点である。媒体はテレビや新聞といった情報メディアに限らない。国際協力の「送り手」と「受け手」、「送り手」の間、「受け手」の間で交わされるメッセージや経験のやり取りも、広い意味での媒体として、イメージや想像力に影響を与えている。

では、想像の幅と媒体を通したコミュニケーションとの間にはどのようなつながりがあるのだろうか。各章で断片的に触れていたものの、ここまでしっかりと論じてこなかったこの点について、過去の研究を振り返りながら考察してみたい。

2　手段としてのコミュニケーションを乗り越える

■絵やテレビ番組を使った国際協力

メディアやコミュニケーションと国際協力を直接結び付けた研究分野があるわけではないが、もっとも近いのは開発コミュニケーションと呼ばれる分野である。第二次世界大戦後、独立を勝ち取った第三世界の国々ではマスメディアや個人間のコミュニケーションがどのように近代化に貢献できるか、盛んに研究が行われたが、日本では独自の研究の蓄積はほとんどない。[*1] まず、この研究分野における議論の

写真 終-1　ラオスの村でのセミナー

出所：筆者撮影（1995年）

大雑把な見取り図を示すため、私の経験を少しお話ししたい。

写真終-1を見てほしい。これは１９９５年に、私が所属していたＮＧＯが実施したラオスの農村でのセミナーの風景である。ＮＧＯのラオス人スタッフが、ラオスの森林制度や村人の権利を絵を使って説明している。村人の生活改善に欠かせない村周辺の森林や林産物を利用する権利を確保するためには、法制度の理解は重要である。それを会議室で専門家が講義するのではなく、屋外の村の集会場で、手描きの絵を使って冗談や質問を交えて伝えている。この当時、私たちのＮＧＯに限らずアジア各地の国際協力の現場で、絵や紙芝居、劇など、村人にとって身近な媒体を開発プロジェクトで使うようになっていた。

もう一つ、ラオスでの別の経験を紹介しよう。２０００年代前半、私が代表を務めていたＮＧＯは、開発や環境に関するテレビ番組を制作するラオスのＮＧＯ

表 終-1　ラオスのNGOによる制作に協力した番組（2001年度）

制作した番組・ビデオ	制作数
企画番組：「子供ボランティア」「養鶏」「有機肥料の成功」「ドックチャムパーを使った有機肥料」等	8本
テレビ局との共同制作：「子供の権利についてのトーク番組」「ラオス製品を売り込め」「ゴミ」「有機肥料」	4本
テレビコマーシャル制作：「ゴミ問題」	23本
ラジオコマーシャル制作：「ゴミ問題」	9本
海外番組のラオス語訳：「水紛争」「涸れる川」「環境保護の闘士」「分解できない廃棄物」「一滴の水の大切さ」等	12本

出所：筆者作成

の活動を支援していた。水力発電ダムなどの大型インフラ開発が進む中で、農村の暮らしを支える自然環境の破壊を危惧した私たちは、ラオス政府の開発政策を批判しないように留意しながらも、自然と調和した開発を伝えるための番組制作を支援した。表終-1は2001年度にこのラオスのNGOが制作した番組の一覧である。養鶏や有機肥料のつくり方といった具体的な開発の方法だけでなく、廃棄物問題や河川生態系の破壊など、ラオスで起きつつあった開発に伴う環境問題への気づきを促すテレビ番組を多く制作し、これらすべてがラオスで全国放送された。

　私がラオスで関わったこれらの協力プロジェクトは、奇しくも開発コミュニケーション研究の二つの大きな流れと合致している。次項で説明する普及理論とオルタナティブな（もう一つの）開発である。

＊1　筆者が知る限りでは久保田（1999）くらいしかない。

■外からの開発と内からの発展の手段としての開発コミュニケーション

私が所属したＮＧＯが協力した活動のうち、後から紹介した番組制作の狙いは、第二次世界大戦後の近代化論に基づく普及理論の示すところに近い。普及理論は、戦後新たに独立した国々の低開発は、新しい技術や知識を広めれば解決できるという考えである。効果的に村の問題を改善できる技術を拒む人たちがいることに疑問をもったエベレット・ロジャーズは、人々が新しい知識や技術を受入れるプロセスは、気づき、関心、評価、試行、採用という5つの段階であり、気づきと関心はマスメディアが、評価・試行・採用では個人間のコミュニケーションが有効だと述べている（Rogers 1962）。開発に必要な知識や技術がマスメディアで発せられ、その情報が直接的に、あるいは地域のリーダーなどを通じて効果的に途上国の人々に伝えられれば、低開発の状態から脱することができると論じた。そこまで単純には発想してはいなかったが、たしかに私たちは番組制作を通してラオスの人々の意識と関心を高め、受け入れ可能で村の環境に合った技術の普及を企図していた。

もう一つの大きな流れは、１９７０年代の「オルタナティブな開発」論に支えられた「参加型メディア」である。新しい知識や技術をトップダウンで伝えるやり方では、途上国が抱える貧困などの問題は解決しないため、住民自身が発信者になり、開発に参加するためのツールとしてのメディアの重要性が認識されるようになった。小規模なメディア、特に民話や民謡、舞踊、演劇などその地域にもともとあった媒体を使って、人々の自己開発を支援するメディアの役割に関心が寄せられるようになった。先に紹介した手描きの絵を使ってラオスの森林制度を説明した活動がこれに当たる。

もちろん、戦後の開発理論の変遷に歩調を合わせながら、開発コミュニケーション分野ではこれ以外にも多岐にわたる研究が行われてきたが、[*2] 大きくは、普及理論のように外発的な開発を前提とするか、参加型メディアのように内発的な発展を重視するかという二つの流れが存在しているといえる。私が経験した順番と、開発コミュニケーション理論の変遷が逆であることからもわかるように、外発志向から内発志向に完全に移行したわけではない。現在でも考え方としては双方支持されており、伝える中身やコンテンツに変化が起きているにすぎない。これら二つの大きな流れは、政府が主導する巨大開発プロジェクトを批判するマスメディアを抑え込む口実になったり、放送局の機材や番組制作の支援、衛生教育のための小規模メディアプロジェクトにつながったりするなど、開発政策や国際協力の実務に影響を与えた。

■脱「開発のため」のコミュニケーション

普及理論と参加型メディアが開発コミュニケーションの二つの主流な議論だとはいっても、いずれも近代化やオルタナティブな開発など背景にある特定の開発のあり方に貢献しようという「開発のための

＊2　たとえば、従属論を背景にしたメディア帝国主義や新国際情報秩序などに関する議論はこの分野では１９７０年代に盛んに行われた。

コミュニケーション」に目が向けられていることに違いはない。コミュニケーションは開発の手段とみなされ、あるコミュニケーション理論が開発課題の解決に効果的でないという批判が、別の理論を生んできたともいえよう。どんな開発を目指し、その目的を満たすにはどのようなコミュニケーションが適切なのか、開発コミュニケーション研究を取り巻いてきたのはそうした議論である。

開発コミュニケーション研究の中では、媒体がマスメディアであれ小規模メディアであれ、あるいは個人間のコミュニケーションであれ、途上国を「特定の良い方向」に導くために情報の発信者と受信者を繋ぐ手段として捉えられる。もちろん、その中でも想像力は必要であろう。どうしたらより効果的に伝わるか、どんなメッセージは受けがいいか、行動につながる伝え方とは何か…しかし媒体を通したコミュニケーションを、目的を達成するための手段だと捉える限り、それはあくまで既定路線の中での発想であり、既定路線とは違った可能性を想像する営みにはつながりにくい。これまでの開発コミュニケーション研究の役割と限界はここにあるといえる。

この点から改めて九つの章を読み直してみよう。たしかにそれぞれの章で、ある意図をもって何らかのメッセージを伝えようとする手段としてのコミュニケーションの存在は描かれている。新聞やテレビの報道、外務省が流す渡航安全情報、文部大臣が検定した教科書、国民の支持や資金提供を取り付けるための広報資料、住民によるSNS投稿、過去の問題から学ぶNGOの研修旅行、国際機関から住民に至るまでの伝言ゲーム。ある政策やプロジェクトを推し進めたり、思いとどまらせようとしたり、組織を守ろうとしたり、難民や貧困層を守ろうとしたり…、それぞれの目的を達成するために重層的なコミユニケーションが行われている。伝える側と伝えられる側、あるいは伝えられる事象とそれが起きている現場とのギャップや、現場を歩いている者としての執筆者の違和感が読み取れる。

しかし、そうした媒体を通したコミュニケーションの効果、すなわち目的の達成度は必ずしも論じられてはいない。それに触れている章もあるが、議論の中心にはなっていない。ギャップの原因を突き止め、目的達成に向けたより良いコミュニケーション戦略を議論してはいない。むしろ、ギャップがあること自体の意味を問い、開発やコミュニケーションのプロセスで生じている現象の読み解きを通じて、想像力の意義と面白さを語っている。もっといえば、執筆者が疑問を呈しているのは、イメージや想像力を「開発のため」という目的の中に封じ込めてしまうことなのではないか。目的から解放されたとき、私たちの思考は、最初は思いつきもしなかったものを含むすべてのありうるイメージへと向かう。そのために大切な力として、それぞれの執筆者が重きを置いているのが想像力である。

3　想像力が発揮されやすい場

改めて本章第1節の問いかけに答えてみたい。「国際協力の送り手も受け手も自由にするような幅のある想像力を確保するにはどうしたらよいだろうか」。一つは、開発「のため」ではなく、開発「について」のコミュニケーションを喚起することである。そのことが私たちの中にある凝り固まった開発像を乗り越え、考えてもみなかった未来の開発の姿を描き出すことに繋がる。開発という言葉が国際社会で現在のように使われるようになって75年になる。世界中の国々に開発を巡る無数の経験や思考の蓄積がある。そうした開発をどう考えるのか、本当に開発は必要なのか、どんな開発を求めるのか、そもそも開発とは何か…。そうした「開発についてのコミュニケーション」を喚起するのにふさわしい場が国際協力である。異なる国籍、文化、言語、歴史、政治体制、経済状況などを背負って向き合うからこそ、そこに生まれる様々な形態のコミュニケーションは、あるべき開発を超えて、「違った可能性」に向かうことができる。

もう一つは、より日常的な場を作ることである。哲学者の鷲田清一は、建築家の青木淳の著作を引きながら、想像力を養うヒントを「原っぱ」に見出す。原っぱは遊園地と異なり、「あらかじめそこでやることが決まっているのではなく、そこへ行ってそれから何かをして遊ぶか決める」場所である（鷲田 2019：44頁）。たまたまそこに集まった子どもたちがコミュニケーションをしながら何かを始める。遊びのメニューを誰かが提示し、その中から何かを選択するわけではない。偶然集まった子どもたちが何をしようかと、原っぱを眺めながら語り合い、遊び始める。名前のついた遊びでないこともあるだろうし、結局原っぱに転がっていた枝や小石で土の上に意味もなく幾何学模様を描きながらおしゃべりをして日が暮れてしまうこともあるだろう。私たちが想像力の幅を保つためには、原っぱのような場所が日常的に必要なのではないか。それは必ずしも開発途上国の現場に限らない。新型コロナウイルスの影響で、国を越えた人々の往来がコロナ前に戻るかどうかがわからない中、「直接見た」「現地に行った」という経験に頼りすぎない想像力の磨き方がますます問われてくる。

再び序章に戻ろう。「バナナ売りのおばあさん」とコミュニケーションをするときに、私たちがまずしなくてはならないことは、「この人の売り上げを増やしてあげよう」とか、「もっと生活を楽にしてあげよう」とか、そういったあるべき開発のイメージを捨て去ることである。目の前にいる「バナナ売りのおばあさん」と自分との間のコミュニケーションに、目的を超えた無限の可能性を想像できるようになったとき、私たちの日常生活も、その延長にある国際協力もより幅のある自由なものになるに違いない。

しかし、それは簡単なことではないだろう。見知らぬ人に語りかけるのは勇気がいることだし、既定路線にとらわれない話を始めたとたんに、変な人だとしかめ面をされるかもしれない。違った可能性を求める営みは、既定路線を心地よく感じる人たちとの摩擦を生じさせ、自分の立場を危うくするかもしれない。思いもよらない遊びによる事故を防ぐために原っぱを柵で囲うように、想像力を育む場は想定外を恐れる人たちによって閉ざされやすい。想像力を働かせること以上に、それを社会が受け入れることの方が難しい。社会の不寛容さが、ステレオタイプなイメージを定着させ、想像力を発揮させる機会を失わせてしまうのではないか。唯一の正解のない、不確実な社会を生きるためには、グローバルな課題や国際協力への関心を高めるだけでなく、唯一の正解がない問いかけをすることや、それに対して自由な想像力を働かせることを受け入れる社会を作っていかなければならない。国際協力の原っぱが必要なのである。

参考文献

●日本語

久保田賢一（1999）『開発コミュニケーション――地球市民によるグローバルネットワークづくり』明石書店。

ボウルディング、ケネス・E著、大川信明訳（1962）『ザ・イメージ――生活の知恵・社会の知恵』誠信書房。

鷲田清一（2019）『想像のレッスン』ちくま文庫。

●英語

Rogers, Everett M.（1962）*Diffusion of Innovations*, The Free Press of Glencoe.（藤竹暁訳『技術革新の普及過程』培風館、1966年）

あとがき――フィールドワークの遠くと近く

「現地でのフィールドワークなしで、どう論文を書けばよいのですか?」

夏休みの現地調査に向けて準備をはじめていた大学院生に、こう問われたのはコロナ禍による渡航制限が本格化しつつあった2020年3月の頃である。国際協力の世界では「現場主義」、つまり現地の状況を自分の眼で見ることに高い価値をおく傾向がある。研究も同じだ。国際協力は相手あってのことなので、何をするにせよ相手の暮らす場所の歴史や文化を知らなくてはいけないのは当然である。だが、無条件に動き回れることが当たり前だったとき、フィールドワークの意味を真剣に考えてはいなかった自分に、私はようやく気づいたのだった。

思いがけず立ち止まることを強いられて、ふと思いをはせたのが、かつて半ば命がけで現地調査へと出かけなくてはいけなかった先人たちの経験であった。日本で最も初期の組織的フィールドワークは1860年に咸臨丸(かんりんまる)で渡米した一行が実施したものである。一行の中には、やがて明治という新しい時代のあるべき姿を指し示す福澤諭吉がいた。海の向こうにある現地がすっかり遠くなったと感じるいま、福澤が自らの人生を回顧した『福翁自伝』を改めて読んでみようと思った。

福澤は咸臨丸に乗って初めて訪問した米国で、どうだとばかりに見せつけられた電信技術や製糖工場といった先端的な技術や施設にはちっとも驚かなかったそうだ。日本で入手することのできたオランダ語の科学技術書を事前に大量に読んでいたからである。しかし、きれいな絨毯の上を汚れた靴で歩くこと、使えそうな鉄くずが無造作に捨てられていることなど、米国人があえて書かないような日常の風景、社会的風習に驚かされた。

「外国の人に一番わかりやすいことが、こっちでは一番難しい」。福澤は自身の欧米での「フィールドワーク」の難しさを、相手国における「当たり前」の発見にあると総括する。そして、この「難しいこと」にこそ、新しい時代の日本が必要としている「文明の精神」があると考えた。福澤は「東洋になきものは有形において数理学、無形において独立心」と指摘し、慶應義塾を設立して日本における独立心の育成に残りの人生をささげることになる。

ところで、福澤の本領は、現地で見えないものを見ようとした点だけにあるのではない。福澤は外国研究が、やがて自分の国や自分自身の理解に返ってくると考えた。彼の主著『文明論之概略』の序文は、この点を見事に表現している。その急所を現代語訳で味わい直してみよう。

いま、わが国にいる洋学者たちは、かつてはみな漢学を学ぶ学生だった。みな神道や仏教の信者だった。武士か、封建の庶民であった。洋学者はまるで、身は一つでありながら、二つの人生を生きるようなものであり、一人で二つの身体をもっているようなものである。二つの人生を比べ、二つの身体を比較し、その前半の人生で得たもので、いまの人生、いまの身体に得ている西欧文明と比べてみてそのお互いが映しあうのを見てみれば、果たしてどんなものが見えてくるだろうか。こうした観点からの議論はきっと確実なものになるにちがいない

（福澤諭吉『現代語訳　文明論之概略』ちくま文庫、15頁）

視点を複数もつことは、単に見方の数が増えるということではない。複数の視点があることで、それぞれの見方が「より確実なものになる」という部分が肝心だ。たとえば日本人が外国を知ることを通じて、日本をより深く理解するようになること、特定の専門分野の人が他の分野を知ることで自らの分野の偏りや強さを自覚するようになること、である。異国の現場体験は、自分たちの「当たり前」をいったん突き放す恰好の機会になる。

欧米における女性の社会的地位の高さは福澤をたいそう驚かせた。帰国してからまとめた『学問のすゝめ』で彼が強調したのは欧米の状況から反射してみた日本の男尊女卑であり、その理不尽さであった。福澤は人権や平等を「文明の精神」をなす基本と考えた。あれから100年以上たって、日本のジェンダー指標が、多くの途上国よりいまだ低位にあると知ったら福澤は何というだろうか。

私は序章のサブタイトルを「相手を想う」とした。この点は、国際協力の場面で言って言いすぎることではない。だが、遠くの相手を知ろうとする過程ではっきりするのは相手の姿ではなく、そこに向かう自分の姿である。相手を想うまなざしは自分へと反射し、初めて自分の姿を映し出す。自分をつかむとは、自分の客観的な位置を知り、正しい方向感覚を得ることに等しい。遠くを想うことは、近くを、自分を想うことと表裏一体の関係にあったのだ。

冒頭の学生の問いには、こう答えよう。「国際協力へとつながる国内問題を調べてみなさい。そうすれば、やがて海外で調査ができるようになったとき、君たちはよりよい質問ができるようになる」と。たとえば途上国で「人間の安全保障」の重要性を訴える日本は、その理念に沿った難民受け入れを国内で実践できているのか。「国際協力」につながる国内要因を調べると、知らなかった矛盾や疑問が次々とわいてくる。そうした矛盾への気づきは、自国への理解を深めるだけでなく、再び海外に出かけいくときに頼れる視角となって国際協力の背骨をしっかりしたものにするはずだ。「想像力」が、国際協力の文脈でどのように働くかをはっきりつかみ取ろうとする努力は、これまであるようでなかった。「みえてはいるが、誰もみていないものをみえるようにする」。本書はこれを念頭において書いた。本書がかすかであっても、見えなかったものを見せ、そのことが遠くの世界と自分とのつながりを豊かなものにする一助になれば、これ以上うれしいことはない。

＊　　＊

本書の制作プロセスについて一言、記しておく。本書は、新型コロナウイルス感染症拡大に伴う二度の緊急事態宣言をまたいで執筆された。そのため、現地調査や図書館での資料集めなど、各方面で支障がでたのはもちろん、小さい子どもをかかえた執筆者は保育園の休園によって執筆時間がなくなり、外国にいた執筆者は帰国を阻まれるなど様々な困難に直面した。「想像力」というテーマは当初私たちが考えていた以上の深刻な重みをもって個々の執筆者に迫ってきた。

振り返ると、松本・佐藤の編者を中心に執筆陣を固め、構想の大筋を決めたのが２０１８年９月。その後、執筆者や依頼するテーマを決めて、出版社の企画会議を通過したのが２０１９年12月であった。執筆者間の原稿検討会を継続していた中で、世界はコロナ禍にみまわれた。２０２０年3月から5月にかけてはオンラインの原稿検討会を各章ごとに2回ずつ開催して、原稿を磨き上げた。各章で用いた写真や図の掲載を快く認めてくださった関係者の皆様には、この場を借りて厚く御礼申し上げたい。

見返しと各章扉のイラストは執筆者の一人でもある汪牧耘さんが描いたものである。日本への再入国ができず故郷の貴州省で長く足止めされていた汪さんは、その間に執筆者らの希望を聞きつつ、彼女一流の絵心でイメージを形にしてくれた。また、イラストを描くにあたり、外務省（https://www.mofa.go.jp/mofaj/gaiko/oda/press/event/page22_001008.html）、ＮＥＤＡ（https://www.neda.or.th/2018/en/home）にご協力をいただいた。

編集者の道中真紀さんは、進捗管理をしてくださっただけでなく、各章の中身に文字通り「寄り添い」、執筆者の良さを引き出してくれた。道中さんとの対話のおかげで開かれた扉は数えきれない。道中さん、ありがとう。最後に編者からの「これでもか」といわんばかりのコメントにしぶとく対応してくださった執筆者のみなさんと、ようやく形を整えた本書の門出を祝いたい。ここから先は、本書を読んでくださる読者のみなさんの想像力に任せるとしよう。

２０２１年1月

執筆者を代表して　佐藤　仁

国際協力と想像力
イメージと「現場」のせめぎ合い

2021年3月25日　第1版第1刷発行

編著者 ―― 松本 悟・佐藤 仁
発行所 ―― 株式会社日本評論社
〒170-8474　東京都豊島区南大塚3-12-4
電話　03-3987-8621（販売）　03-3987-8595（編集）
ウェブサイト　https://www.nippyo.co.jp/
印　刷 ―― 精文堂印刷株式会社
製　本 ―― 株式会社難波製本
装　幀 ―― 妹尾浩也

ISBN978-4-535-55975-2　Printed in Japan

執筆者紹介

■編著者

松本 悟（まつもと・さとる）【はしがき、第8章、終章】

1963年生まれ。法政大学国際文化学部教授。早稲田大学政治経済学部経済学科卒業、シドニー大学地球科学大学院地理学専攻修士課程（研究）修了（MSc）、東京大学大学院新領域創成科学研究科博士課程修了（国際協力学）。学部と修士の間にNHK報道記者や国際協力NGO日本国際ボランティアセンター（JVC）ラオス事務所代表として、修士と博士の間にアドボカシーNGOメコン・ウォッチ代表理事などとして活動。チュラロンコーン大学アジア研究所客員研究員（2018年度）。ジャーナリズム、アクティヴィズム、アカデミズムを自己の中に融合して、複数のNGOの顧問、日本政府の委員など立場を超えた活動と研究を実践中。

主な著書に『調査と権力――世界銀行と「調査の失敗」』（東京大学出版会、2014年）、『被害住民が問う開発援助の責任――インスペクションと異議申し立て』（編著、築地書館、2003年）など。

佐藤 仁（さとう・じん）【序章、あとがき】

1968年生まれ。東京大学東洋文化研究所教授。東京大学教養学部教養学科（文化人類学）卒業、ハーバード大学公共政策大学院修士課程修了（公共政策）、東京大学大学院総合文化研究科国際社会科学専攻博士課程修了（学術）。プリンストン大学国際・公共政策大学院客員教授などを歴任。第10回日本学士院学術奨励賞受賞。2020年12月より国際開発学会会長を務める。目下、東南アジアと日本を主なフィールドに、国際協力の分野で悪者扱いされてきた「依存」概念をポジティブにひっくり返す構想を練っている。

主な著書に『開発協力のつくられ方――自立と依存の生態史』（東京大学出版会、2021年）、『反転する環境国家――「持続可能性」の罠をこえて』（名古屋大学出版会、2019年）、『野蛮から生存の開発論――越境する援助のデザイン』（ミネルヴァ書房、2016年、第21回国際開発大来賞）など。

■執筆者（執筆章順）

初鹿野 直美（はつかの・なおみ）【第1章】
東京大学大学院新領域創成科学研究科修士課程修了（国際協力学）。2003年より日本貿易振興機構アジア経済研究所。カンボジアをフィールドに、国際協力や移民労働者問題を研究。2007～09年カンボジア王立経済法律大学客員研究員、2012～16年日本貿易振興機構バンコク事務所。著書：『カンボジアの静かな選挙――2018年総選挙とそれに至る道のり』（編著、アジア経済研究所、2019年）など。

林 裕（はやし・ゆたか）【第2章】
東京大学大学院新領域創成科学研究科博士課程修了（国際協力学）。ロンドン大学LSE校修士課程修了（開発学）。日本紛争予防センターアフガニスタン代表事務所等を経て、福岡大学商学部准教授。アフガニスタン農村社会と平和構築に焦点を当て研究している。著書：『紛争下における地方の自己統治と平和構築――アフガニスタンの農村社会メカニズム』（ミネルヴァ書房、2017年）など。

麻田 玲（あさだ・れい）【第3章】
東京大学公共政策大学院博士課程在籍。大学卒業後、スリランカ、ベトナム、アスガニスタンでODA事業に携わる。その傍らで日本のポスト開発、特に農村の過疎化に関心をもち大学院へ進学。2015年信州大学研究員、2016年笹川平和財団研究員、2020年国際連合コンサルタント。論文：「成功事例は開発援助に有効か――負の遺産に未来あり」『東洋文化』（97号、2017年）など。

華井 和代（はない・かずよ）【第4章】
東京大学未来ビジョン研究センター講師。NPO法人RITA-Congo共同代表。東京大学大学院新領域創成科学研究科博士課程修了（国際協力学）。コンゴ民主共和国の紛争資源問題と日本の消費者市民社会のつながりを研究するとともに、平和教育教材の開発を行っている。著書：『資源問題の正義――コンゴの紛争資源問題と消費者の責任』（東信堂、2016年）など。

紺野 奈央（こんの・なお）【第5章】
フリーランス。英国王立農業大学修士課程修了（農村開発）。ロンドン大学LSE校修士課程修了（社会心理学）。コンサルティング企業勤務を経た後、大学や研究機関等におけるアカデミック・サポートを主な仕事にする傍ら、ライフワークとして開発分野に関わる翻訳や執筆活動を続けている。著書：『貧しい人を助ける理由——遠くのあの子とあなたのつながり』（共訳、日本評論社、2017年）など。

小島 海（こじま・うみ）【第6章】
元国連難民高等弁務官事務所（UNHCR）職員。東京大学大学院新領域創成科学研究科修士課程修了（国際協力学）。国際協力機構（JICA）職員、岩手県大船渡市復興支援員、UNHCR職員として国際協力の現場に従事してきた。論文：「南スーダンのインフラ事情にみるインフラの機能」『土木技術』（2012年3月号）など。

久留島 啓（くるしま・けい）【第7章】
東京大学大学院新領域創成科学研究科博士課程在籍。高校時代にマレーシアの山村に滞在し、森林と共生する地域の開発に関心をもつ。2011年から4年間、北タイで農村住民を支援するNGOの活動に携わった。現在はタイが直面している林地管理の課題を研究している。論文：「発展するタイの農村における林地管理の課題——住民の森林離れと農地需要の拡大」『林業経済』（共著、73巻9号、2020年）など。

汪 牧耘（おう・まきうん）【第9章】
東京大学大学院新領域創成科学研究科博士課程在籍。2020年2月より法政大学大学院メコン・サステナビリティ研究所特任研究員。法政大学大学院国際文化研究科修士課程修了（国際文化）。現在、中国の「開発」を巡る知識形成を、概念から実際の国内外の事業現場まで、体系的に論じることを試みている。論文：「『開発＝开发（カイファー）』の意味変容と概念形成」『国際開発研究』（29巻1号、2020年）など。

索 引

欧 文

あ 行

か 行

さ　行

た 行

な 行

は 行

ま 行

や・ら・わ 行